全球知识产权治理新探

研究阐释党的二十大精神丛书

上海市哲学社会科学规划办公室
上海市习近平新时代中国特色社会主义思想研究中心 ——编

丛立先 李泳霖 ⊙ 著

上海人民出版社

出版前言

党的二十大是在全党全国各族人民迈上全面建设社会主义现代化国家新征程、向第二个百年奋斗目标进军的关键时刻召开的一次十分重要的大会。这次大会系统总结了过去 5 年的工作和新时代 10 年的伟大变革，阐述了开辟马克思主义中国化时代化新境界、中国式现代化的中国特色和本质要求等重大问题，对全面建设社会主义现代化国家、全面推进中华民族伟大复兴进行了战略谋划，对统筹推进"五位一体"总体布局、协调推进"四个全面"战略布局作出了全面部署，在党和国家历史上具有重大而深远的意义。

为全面学习、全面把握、全面落实党的二十大精神，深刻揭示党的创新理论蕴含的理论逻辑、历史逻辑、实践逻辑，在中共上海市委宣传部的指导下，上海市哲学社会科学规划办公室以设立专项研究课题的形式，与上海市习近平新时代中国特色社会主义思想研究中心、上海市中国特色社会主义理论体系研究中心联合组织了"研究阐释党的二十大精神丛书"（以下简称丛书）的研究和撰写。丛书紧紧围绕强国建设、民族复兴这一主题，聚焦习近平新时代中国特色社会主义思想，聚焦新时代党中央治国理政的伟大实践，力求对党的创新理论进行学理性研究、系统性阐释，对党的二十大作出的重大战略举措进行理论概括和分析，对上海先行探索社会主义现代化的路径和规律、勇当中国式现代化的开路先锋进行理论总结和提炼，体现了全市理论工作者高度的思想自觉、政治自觉、理论自觉、历史自觉、行动自觉。丛书由上海人民出版社编辑出版。

丛书围绕党的二十大提出的新思想新观点新论断开展研究阐释，分领域涉及"第二个结合"实现之路、中国式现代化道路、五个必由之路、中国共产党的自我革命、斗争精神与本领养成、国家创新体系效能提升、中国特色世界水平的现代教育探索、人民城市规划建设治理、超大城市全过程人民民主发展、数字空间安全、长三角一体化发展示范区等内容，既有宏观思考，也有中观分析；既有理论阐述，也有对策研究；既有现实视野，也有前瞻思维。可以说，丛书为学习贯彻习近平新时代中国特色社会主义思想和党的二十大精神提供了坚实的学理支撑。

丛书的问世，离不开中共上海市委常委、宣传部部长、上海市习近平新时代中国特色社会主义思想研究中心主任、上海市中国特色社会主义理论体系研究中心主任赵嘉鸣的关心和支持，离不开市委宣传部副部长、上海市习近平新时代中国特色社会主义思想研究中心常务副主任、上海市中国特色社会主义理论体系研究中心常务副主任潘敏的具体指导。上海市哲学社会科学规划办公室李安方、吴净、王云飞、徐逸伦，市委宣传部理论处陈殷华、俞厚未、姚东、柳相宇，上海市习近平新时代中国特色社会主义思想研究中心叶柏荣等具体策划、组织；上海人民出版社编辑同志为丛书的出版付出了辛勤的劳动。

"全面建设社会主义现代化国家，是一项伟大而艰巨的事业，前途光明，任重道远。"希望丛书的问世，能够使广大读者加深对中华民族伟大复兴战略全局和世界百年未有之大变局、对中国共产党人更加艰巨的历史使命、对用新的伟大奋斗创造新的伟业的认识，能够坚定我们团结奋斗、开辟未来的信心。

目 录

前　言

　　《全球知识产权治理新探》一书是上海市哲学社会科学规划"研究阐释党的二十大精神"专项课题"共商共建共享的全球知识产权治理研究"的研究成果。本人长期关注知识产权法和国际法的交叉问题，先后在武汉大学国际法专业和中南财经政法大学知识产权研究中心取得博士学位并从事博士后研究工作，发表了多篇与全球知识产权治理相关的学术文章和法治评论文章。在前期积累的基础上，由本人担任首席专家的另一相关课题"全球知识产权治理面临的主要挑战和中国方案研究"获得了国家社科基金重大项目立项。

　　当前，全球正在遭遇百年未有之大变局，地缘冲突与大国博弈加剧，经济全球化遭遇逆流等问题呼吁全球治理理念的新发展。党的二十大报告提出的人类命运共同体和共商共建共享的全球治理观为全球治理提供了新理念和新路径。人类命运共同体是将马克思恩格斯共同体性质的国际主义思想与中国历史文化传统中的"天下主义""和合主义"相结合，在21世纪的中国土壤中生长起来的中国特色的"国际主义"。它既是中华优秀传统文化所孕育的正确义利观，又是超越霸权主义而形成的国际秩序观①，要求各国在追求本国利益时兼顾他国合理关切，在谋求本国发展中促进各国共同发展。②人类命运共同体理念为全球治理提供了目标指引，而共商共建共享的全球治理观则是人类命运共同理念实现过程中的方法路径。所谓共商，是在平等的基础上相互沟通，以协商谈判的方式解决国际纷争和国际矛盾。③所谓共建，就是各国共同参与、合作协力，创造发展红利，分享发展机遇。所谓共享，是指全球治理的成果要为国际社会成员公平地享有。④共商共建共享的全球治理观要求各国彼此尊重、相互协商、求同存异、凝聚共识、一致行动，是一套既有世界视野，更有中国特色的全球治理方略。

全球知识产权治理是对与知识产权有关的全球性公共事务的国际规制。⑤2020年中央政治局第二十五次集体学习时，习近平总书记深刻指出，要深度参与世界知识产权组织框架下的全球知识产权治理，推动完善知识产权及相关国际贸易、国际投资等国际规则和标准，推动全球知

---

① 参见徐艳玲、李聪：《"人类命运共同体"价值意蕴的三重维度》,《科学社会主义》2016年第3期。

② 参见李爱敏：《"人类命运共同体"：理论本质、基本内涵与中国特色》,《中共福建省委党校学报》2016年第2期。

③ 参见胡守勇：《人类命运共同体思想的思维逻辑》,《湖南社会科学》2022年第2期。

④ 参见花勇：《论习近平全球治理观的时代背景、核心主张和治理方略》,《河海大学学报（哲学社会科学版）》2020年第2期。

⑤ 参见张艳梅：《知识产权全球治理的现实困境与路径建构：以传统知识保护为研究视角》,《求索》2015年第5期。

识产权治理体制向着更加公正合理的方向发展。① 然而，全球知识产权治理并未按照世界所期待的方向发展。一方面，当代知识产权国际保护制度主要维护了发达国家的利益，未能充分考虑包括我国在内的发展中国家的利益。另一方面，以《TRIPS 协定》为代表的国际知识产权协定更加关注经济贸易利益，具有浓厚的商业气息，相对欠缺知识和文化品性，对人们的生存权、发展权关注不够。② 其结果导致全球知识产权治理在治理理念、治理规则和治理体制三个方面都出现不同程度的问题。③

为解决当前全球知识产权治理存在的现实问题，本书以党的二十大报告提出的人类命运共同体和共商共建共享的全球治理观为指导，系统论述全球知识产权治理的路径与方法。本书第一章首先解读了全球知识产权治理的概念，并在梳理了全球知识产权治理现实状况与挑战的基础上，作出了宏观制度设计。第二章以共商全球知识产权治理的政策体系为核心。在立足宏观治理战略的站位下，分别构建了全球知识产权治理的国际政策体系、涉外政策体系和国内政策体系。第三章旨在共建全球知识产权治理的法治体系。其中，专利法治体系以促进技术创新与移转为目标，商标法治体系以保护贸易顺畅与反假冒伪劣为宗旨，版权法治

---

① 《习近平主持中央政治局第二十五次集体学习并讲话》，中国政府网，https://www.gov.cn/xinwen/2020-12/01/content_5566183.htm?eqid=b81484a7000bc28d0000000664925ca9，2023 年 8 月 25 日。

② 吴汉东、郭寿康：《知识产权制度国际化问题研究》，北京大学出版社 2010 年版，第 239 页。

③ 马一德：《全球治理大局下的知识产权强国建设》，《知识产权》2021 年第 10 期。

体系以保护文化发展与繁荣为核心，同时还要维护商业秘密等特定领域的共同利益。第四章倡导共享全球知识产权治理的协作体系。主张在协作过程中以各国政府为主体并发挥非政府组织的作用，面向外交会议等治理角度，构建多边、区域和双边协作路径。第五章作出全球知识产权治理的具体制度安排。这需要在立法层面促进实体和程序规则的统一和趋同，在司法层面主张协调与礼让的全球司法合作，在执法层面倡导区域和双边联动的执法协作，在此基础上将我国打造成为国际知识产权争议解决优选地，并提出了解决专门领域知识产权问题的方法。通过上述研究，不仅构建起以政策体系为引领、法治体系为保障、协作体系为创新、具体制度为落实的全球知识产权治理体系，而且使得全球知识产权治理的方法路径形成完整闭环，有助于实现符合各国利益和我国实际发展需求的治理结果。

本书的写作和出版得到了上海市哲学社会科学规划办、华东政法大学管理部门和有关专家的支持和帮助。华东政法大学师资博士后李青文、司马航、起海霞和南京航空航天大学讲师张媛媛为本书的写作提供了有益助力，华东政法大学硕士研究生张庆栋、魏杨千琳、熊亦欣为本书的完成提供了有益帮助。出版社的工作人员也为本书的出版付出了很大的努力。在此致以衷心感谢！

丛立先

2023 年 8 月 31 日

第一章

全球知识产权治理的现实挑战和制度设计

在全球化时代，中国对外开放领域和程度不断扩展和加深，东盟、拉美等地区的发展中国家竞相崛起，各国普遍重视以及知识产权的发展积淀是全球知识产权治理的重大机遇。但是挑战与机遇并存，发达国家强迫发展中国家接受其提出的知识产权保护方案，过分强调权利保护而忽视限制，导致全球知识产权治理规则尚未实现利益平衡。在规则分歧中，《美国—墨西哥—加拿大协定》（以下简称"USMCA"）、《全面与进步跨太平洋伙伴关系协定》（以下简称"CPTPP"）、《区域全面经济伙伴关系协定》（以下简称"RCEP"）等区域协定的治理水平参差不齐，冲击了现有多边体系。以美国为首的发达国家还使用"301调查"等单边主义行径维系垄断地位，对全球秩序造成了极大破坏。对此，我国应以人类命运共同体为全球知识产权治理的价值方针，秉持国际礼让、利益平衡以及兼顾公平与效率三大原则，通过多边、区域和双边制度安排构建全球知识产权治理的基本内容框架。

第一节　全球知识产权治理的范围

全球知识产权治理要求运用全球治理的范式看待知识产权问题，其中全球是一个地理范畴,包含了国际、涉外、国内关联全球范围这三个场域。本书对知识产权的研究也不仅仅局限于各国对知识产权的私权保护,而是囊括了知识产权国内国际范畴,知识产权私权公权范畴,知识产权不同保护水平国家间的交往范畴,知识产权法学、经济学、管理学等学科交叉范畴,知识产权法律与非法律形态范畴,专利、商标和版权等知识产权类别范畴以及知识产权各类争议解决范畴。

一、"全球"范围的三个场域

"全球"知识产权是从地理概念上界定知识产权的范围,意指无论是一项办公桌上的专利技术发明,还是涉及公共健康的新冠肺炎疫苗,甚至再到气候变化治理的广泛事务中都涉及知识产权问题。当前,全球知识产权交往方式和范畴日益扩大,知识产权交往范围从多边转向区域、双边乃至单边路径,知识产权交往领域从国际条约向国际贸易和国际政治等方面扩展,全球知识产权治理也相应地需要多路径、多视角与多维度治理相结合。在全球知识产权的范畴下,可以按照不同标准,将知识产权治理分为国际知识产权、涉外知识产权和国内关联全球范围的知识产权治理三个场域。

国际知识产权是与国内知识产权相对立且关联的概念。知识产权最初诞生于一国范围内,由国内法加以规定,按照一国法律获得确认和保护的知识产权只在该国范围内发生效力,他国没有义务对本国所授予的知识产权给予保护,所以一国想要获得其他国家的知识产权保护非常困难。随着科学技术的日益进步和工商业的迅速发展,知识产权贸易市场逐步形成,许多知识产品打破了一国界限，在世界范围流通，促进了各国之间的科技与文化交往。但由于缺少统一的国际知识产权协调，让各国间知识产品流通产生了巨大矛盾。在这一背景下，国际社会谋求对知识产权保护问题进行协商，导致产生了以多边国际条约为核心的国际知识产权保护体制。当前，国际知识产权形成了以《巴黎公约》《伯尔尼公约》《TRIPS协定》等代表性的国际公约为基本形式，以世界知识产权组织（以下简称"WIPO"）、世界贸易组织（以下简称"WTO"）等相关国际组织为协调机构的交往秩序。同时，随着知识产权在世界交往领域的延伸，一些区域协定和双边贸易协定中也诞生了知识产权条款，并且在原有的WIPO和WTO这两大主要国际知识产权组织之外，出现了例如世界刑警组织、世界海关组织等参与国际知识产权事务的国际组织。需要说明的是，国际知识产权是国际社会对知识产权保护进行协调的结果，并非一国立法主权的产物。例如国际条约须通过我国的国内法程序才能在我国国内发生法律效力。

党的十八大以来，我国国内法治事业取得长足进步，我国在国际事务中发挥着越来越重要的作用。涉外法治成为我国推进国家治理水平和治理能力现代化的重要推手，对于深入贯彻全面依法治国，建设社会主义法治国家意义重大。[1] 涉外法治既非国内法治，也非国际法治，而是针对一国的涉外事务提出的法治建设方面的立场、方案与建议，其既包括一国国内的知识产权与国际知识产权秩序的衔接和协调，也包括一国

---

[1] 参见黄进、鲁洋：《习近平法治思想的国际法治意蕴》，《政法论坛》2021年第3期。

推动的国际知识产权秩序的改革和发展，可谓"立足国内，放眼国际"。涉外知识产权法治与涉外知识产权又有所不同。涉外知识产权法治是涉外知识产权的狭义范畴，是指涉及一国对外相关知识产权法律事务的法律、规范、政策等。广义上的涉外知识产权则是在法治建设的基础上，包括了涉外知识产权政策和涉外知识产权战略等一切具有涉外因素的知识产权。在国际知识产权交往中，我国不仅要把握国际知识产权现状和发展动向并遵守国际知识产权秩序，还要积极参与国际知识产权制度和规则的制定，甚至推动国际知识产权秩序变革。这就要求我们在研究国内知识产权的同时，注重发挥知识产权在国内与国际互动过程中的重要作用，将涉外知识产权治理作为我国参与全球知识产权治理的重要途径。这一方面要求我国积极扩大国内知识产权法的域外效力，开展涉外知识产权立法、涉外知识产权司法、涉外知识产权法律服务和涉外知识产权法律教育等多个方面的工作。另一方面要求我国参与和推动国际知识产权改革的立场、倡议和方案等，维护知识产权领域的国家主权安全、信息和数据安全、贸易安全，并提出相关方案。

随着国际交往的日益扩大，我国国内的知识产权制度与政策不可避免地对其他国家产生影响，存在国内关联全球知识产权的部分。国内关联全球的知识产权与涉外知识产权既有联系又有区别。涉外知识产权是站在一国国内知识产权的立场，推动国际知识产权的发展，而国内关联全球的知识产权则是一国在处理本国国内知识产权事务的同时，对全球知识产权治理产生关联影响。如上所述，在没有特殊规定的情况下，一国国内的知识产权法通常仅在一国内部发生法律效力。但是随着知识产品跨境交易范围的扩大以及知识产权权利主体的跨境流动，其他国家的知识产权权利人或知识产品若想获得在我国的保护，通常需要符合我国知识产权的相关规则。所以，我国的知识产权法律法规与对外政策等也直接影响到其他国家与我国的知识产权交往方式。例如我国对知识产权保护范围、强度等要素作出的规定直接影响到外国作者、发明人以及商标权人等知识产权权利人在我国受保护的程度。

二、"知识产权"内涵的七个范畴

随着国际政治经济交往日渐频繁和跨国贸易领域不断扩大，知识产权的内涵也不断丰富，并至少包含以下七个范畴，在无特别说明的情况下统一以"知识产权"为指称。

第一是国内国际范畴。知识产权法最初通常诞生于一国主权范围内，此后随着国际交往范围的扩大以及各国间知识产权合作与协调的需要，诞生了国际知识产权法。所以对知识产权的研究应"内外兼修"，既研究国内知识产权法，也研究国际知识产权法。国内知识产权法是指《中华人民共和国专利法》等由一国立法机关制定并经特定程序生效的法律。国际知识产权法是指以国际条约为主要渊源，国际组织为合作形式，用以协调各国知识产权制度，促进各国在知识产权领域进行合作的法律制度。① 国际知识产权法的主要来源包括以《伯尔尼公约》《巴黎公

---

① 古祖雪：《国际知识产权法：一个新的特殊的国际法部门》，《法学评论》2000年第3期。

约》为代表的多边条约，以 CPTPP、RCEP 等为代表的区域协定，以及《中美经贸协议》和《中欧地理标志协定》等为代表双边协定。此外，近年来随着知识产权逆全球化趋势的显现，以美国"337 调查"为代表的单边制裁手段日益频繁，对国际知识产权法律制度存在严重的负面影响，因此单边手段也应当被纳入国际知识产权法的研究范畴。知识产权国际组织也不仅仅涵盖 WIPO 和 WTO 等传统的全球知识产权协调组织和规则制定组织，还包括积极参与国际知识产权工作的国际刑警组织、世界海关组织和世界卫生组织等。

第二是私权与公权范畴。私权与公权的性质决定了知识产权的保护路径以及国家对知识产权的介入程度。在民事权利制度体系中，知识产权的原意是"知识（财产）所有权"或"智慧（财产）所有权"。WTO的《TRIPS 协定》在其序言中也宣示"知识产权为私权"。也正基于此，知识产权是私人的权利、私有的权利以及私益的权利。但与此同时，知识产权基于法律规定而产生，是否保护知识产权、对哪些知识赋予知识产权、如何保护知识产权，是一个国家根据现实发展状况和未来发展需要所作出的制度选择和安排[1]，需要国家的介入与管理。因此知识产权兼具公权性质，例如我国对商标的管理等行为。

第三是保护水平范畴。知识产权保护不仅发生在与我国经济发展水平、知识产权保护水平相当的国家之间，也发生在与我国保护水平存在

---

[1]　吴汉东:《知识产权多维度解读》，北京大学出版社 2008 年版，第 8 页。

差异的对象国。发达国家的知识产权发展水平虽然总体较高，但可以根据我国的知识产权实际水平进行差别化合作。一般情况下，应继续延续我国国际知识产权政策的基本立场，不盲目提高知识产权保护水平。不过在特殊情况下，也应考虑产业发展实际，在涉及网络产业等知识产权领域可以作出必要让步，考虑与美国、欧盟等发达国家进行同等利益的合作，逐步提高我国知识产权保护水平。另外，对于我国还未加入的发达国家自由贸易协定，例如 CPTPP 等，还应持开放态度，力争从被动受制转为主动融入。发展中国家的知识产权发展水平虽然相对较弱，但在国际知识产权舞台上的影响力不容小觑。我国应加深与发展中国家在知识产权领域的"南南合作"，提升知识产权条款的设计能力和谈判能力，克服"TRIPS 标准"中的制度局限，利用规则红利进一步推动我国优势知识产权产业的发展。

第四是学科范畴。改革开放以来，我国知识产权研究以私权保护、立法构建为开端，逐步确立了知识产权法学科的基本范畴。党的十八大以来，我国加快构建中国特色哲学社会科学，并切实完善中国特色哲学社会科学学科体系、学术体系、话语体系。① 知识产权是国家创新战略资源，知识产权制度是国家治理体系和治理能力现代化建设的重要组成。② 我国对知识产权属性的认知始于《TRIPS 协定》中知识产权私权

① 王伟光：《加快构建中国特色哲学社会科学学科体系、学术体系、话语体系》，中国政府网，http://www.gov.cn/xinwen/2017-05/25/content_5196846.htm，2023 年 8 月 3 日。

② 马一德：《中国知识产权治理四十年》，《法学评论》2019 年第 6 期。

属性的界定，在改革开放初期进入以立法为中心的研究样态，知识产权法学学科在国际法律制度的研究中，以及知识产权与《民法典》的关系中逐渐走向成熟。加入 WTO 之后，知识产权在社会发展中的重要性凸显，经济学、管理学、传播学、政策学等诸多领域的学者加入了知识产权研究，并形成了交叉学科研究格局。

第五是功能范畴。知识产权制度可分为法律形态和非法律形态两个部分。法律形态的知识产权制度一般是以法律、法规、司法解释、规章、条例等形式，对知识产权的资源配置和财富创造等行为所作出的制度安排。例如《民法典》第 123 条明确规定民事主体依法享有知识产权，且知识产权是权利人依法就作品、发明等客体享有的专有权利。这一形态的知识产权是私人权利保护的有力工具，也是国家保护知识产权的主要依据。非法律形态的部分则是指知识产权公共政策，是指法律形式以外的对知识产权的创造、保护、管理、运用进行指导和规制的配套措施，是政府为了实现与知识产权相关的经济社会目标而对知识产权创造、保护、管理、运行进行指导和管制的各种相关政策的总和。[①] 从国际范围来看，无论是科技领先型的美国、技术赶超型的日本还是引进创新型的韩国，都十分重视知识产权政策制定与安排，将知识产权作为本国发展战略纲要的重要组成。例如日本政府特别制定了知识产权战略大纲。同时，知识产权作为高精尖技术产业和国际贸易不可或缺的部分，

---

① 周莹、刘华：《知识产权公共政策的协同运行模式研究》，《科学学研究》2010 年第 3 期。

知识产权政策还对产业、科技、文化、教育和贸易等具有重要影响。

第六是领域范畴。知识产权是实现经济可持续发展的重要抓手，科学技术的飞速发展又推动着国际经济秩序和世界市场的变革与发展。这一背景下，专利权、著作权和商标权的保护范围不断扩大。例如，著作权在早期被称为"印刷出版之子"①，因为彼时的著作权保护拘泥于书籍、地图的狭小范围。进入 20 世纪后随着电子版权逐渐取代印刷版权，视听作品、计算机软件等作品成为了新的版权范畴，进而从"印刷出版之子"变为"技术之子"，并还将随着技术发展而不断演变。随着新技术，特别是微电子技术与生物工程技术的应用，知识产权的领域范围不断扩展。集成电路是现代电子信息技术的基础，世界许多国家采取单行立法对集成电路布图设计提供独立的知识产权保护。植物新品种作为生物工程技术在植物品种改良方面的重大成就，也通过制定特别法或专利法加以保护。商业秘密作为无形的信息财产，在《TRIPS 协定》中被确认属于知识产权范畴。制止不正当竞争被《巴黎公约》列为工业产权的保护对象，制止不正当竞争在同年的《成立世界知识产权组织公约》中又被纳入了知识产权的范围。近年来知识产权的应用场景还扩展到电子商务、大数据、云计算、人工智能等新领域和新业态。

第七是争议解决范畴。与知识产权相关的纠纷总体上可分为合同纠纷、权属和侵权纠纷、不正当竞争纠纷和垄断纠纷。近年来还在标准

---

① 参见段瑞林：《知识产权法概议》，光明日报出版社 1998 年版，第 28 页。

必要专利、涉外定牌加工、禁诉令与禁执令等专门领域中出现了与知识产权相关的专门问题。知识产权合同纠纷包括版权合同纠纷、商标合同纠纷、专利合同纠纷、植物新品种合同纠纷、集成电路布图设计合同纠纷、商业秘密合同纠纷、技术合同纠纷、企业名称（商号）合同纠纷以及网络域名合同纠纷等。知识产权权属和侵权纠纷主要包括著作权、商标权、专利权、植物新品种权、集成电路布图设计专有权、网络域名、确认不侵害知识产权以及因申请知识产权临时措施损害责任纠纷等。不正当竞争纠纷主要包括仿冒纠纷和侵害商业秘密纠纷等。仿冒纠纷具体包括商业贿赂不正当竞争纠纷和虚假宣传纠纷等。侵害商业秘密纠纷具体包括低价倾销不正当竞争纠纷、捆绑销售不正当竞争纠纷、有奖销售纠纷、商业诋毁纠纷、串通投标不正当竞争纠纷以及网络不正当竞争纠纷等。垄断纠纷主要包括垄断协议纠纷和滥用市场支配地位纠纷等。垄断协议纠纷可具体分为横向垄断协议纠纷和纵向垄断协议纠纷。滥用市场支配地位纠纷包括了垄断定价纠纷、拒绝交易纠纷、限定交易纠纷、捆绑交易纠纷和差别待遇纠纷等。

第二节　全球知识产权治理的现实状况

在经济全球化和世界贸易摩擦的大背景下，全球知识产权治理正迎来新一轮规则变化调整。① 以美国为代表的发达国家和地区利用知识产

---

① 马一德：《全球治理大局下的知识产权强国建设》，《知识产权》2021 年第 10 期。

权合作体制推进本国战略目标①，利用国际条约等途径将本国政策和规则上升到国际层面，实际上主导了全球知识产权治理进程，导致全球知识产权治理体系总体上出现乏力。对此，发展中国家和发达国家也纷纷签署区域协定，造成知识产权国际保护制度出现了多极化倾向。②

一、WTO 框架下的协调体制出现乏力

WTO 主要带动《TRIPS 协定》的发展、实施以及国际争端的解决。《TRIPS 协定》是发展中国家与发达国家在知识产权保护方面初步实现利益平衡的产物，同时也是各主权国家在国际范围内协调知识产权制度的开端，不过 WTO 框架下的国际条约有利有弊。国际条约虽然有利于通过多边协商解决国际保护问题，且更易于获得成员国的遵守，但 WTO 的民主机制效率较低，且各国知识产权的内生需求存在差异，实质上无法调和各国创新能力不同而带来的利益失衡问题。因此，《TRIPS 协定》代表的发达国家的高保护标准对发展中国家而言，一方面是保护水平的提升，另一方面也是巨大的产业压力、经济打击以及文化层面的剧烈冲突。为了平衡国内压力，发展中国家也在传统知识和遗传资源等方面，推行利于本国利益的强保护，但发达国家对此缺乏热情，且大多忽略与发展中国家的现实差距③以及知识获取的不同诉求。

---

① 参见马一德：《中国知识产权治理四十年》，《法学评论》2019 年第 6 期。
② 杜颖：《知识产权国际保护制度的新发展及中国路径选择》，《法学家》2016 年第 3 期。
③ 参见董涛：《全球知识产权治理结构演进与变迁——后 TRIPs 时代国际知识产权格局的发展》，《中国软科学》2017 年第 12 期。

目前，WTO 在知识产权问题的谈判上陷入僵局①，并遗留下公共健康、地理标志和遗传资源三大尚未解决的问题。

公共健康问题是《TRIPS 协定》遗留的首要问题。众所周知，《TRIPS 协定》在为药品提供了专利保护的同时，还规定了强制许可，这就为防止专利权人的权利滥用提供了依据。在强制许可制度下，国家在特殊情形下可以为了满足公共利益的需要，不经专利权人的同意而授权有能力的企业生产专利产品，此时被许可方仅需要支付合理费用，而不能由专利权人垄断价格。不过，为防止出口的专利药品再回流到药品生产国，进而冲击生产国的市场，《TRIPS 协定》又规定了基于强制许可而生产的产品，应主要供应被许可国的国内市场。在这一规定下，尽管为解决公共健康问题，国家可授予制造该药品的强制许可，但如果被许可的一方在硬件设备等基础设施上无法满足药品的生产要求，则仍然仅能诉诸其他国家的企业，无法切实解决公共健康问题。尽管经过多方争取，TRIPS 理事会作出了让步，在《TRIPS 协定》免除了第 31（f）条项下有关适用的药品、合格的进口方成员、出口方成员的义务，但这仅是问题解决的必要程序而已，并不意味着问题的解决。② 从问题的解决过程和当前的解决状况来看，短时间内还无法真正解决全球的公共健康问题。

---

① 参见杜颖：《知识产权国际保护制度的新发展及中国路径选择》，《法学家》2016年第 3 期。
② 参见文希凯：《TRIPS 协议与公共健康》，《知识产权》2003 年第 6 期。

在地理标志保护问题上，美欧之间的矛盾积压已久，并早在乌拉圭回合谈判就有所体现。欧盟主张设立地理标志专门法，为地理标志提供强保护，而以美国为代表的部分国家主张以商标法保护，在保护强度上低于欧盟。大多数国家则既没有单一采取专门法保护或商标法保护，而是多种方式并用，但以其中一种方式为主。从乌拉圭回合发展到多哈回合，地理标志保护上的利益格局变得更为复杂，在利益对抗中，部分发展中国家加入了美欧之间的抗衡与分歧，体现为中美和南美国家支持弱保护，中东和亚洲国家支持强保护。① 在利益分歧与国家分化中，地理标志保护至今仍存在以下问题。第一是用语差异问题。例如国家名称能否作为地理标志的组成部分，以及什么是《TRIPS 协定》第 24 条第 4 款和第 5 款规定的善意。第二是理论正当性问题。例如为何对葡萄酒和烈酒提供差别保护，能否将地理标志从商品扩大到服务。第三是保护范围问题。例如地理标志保护的范围如何界定，如何划定具体的保护区域。第四是成员的自由裁量空间和裁决结果的不确定性问题。这些问题的存在加上各成员国国内法规定的差异，导致《TRIPS 协定》的不确定性更为严重。

遗传资源和传统知识保护是发展中国家在 TRIPS 谈判中极力要求纳入的议题。对此，美国和欧盟围绕是否在《TRIPS 协定》中增加这两大保护的问题上存在立场分歧。瑞士、挪威等国同意对上述两大问题加

---

① 参见古祖雪：《后 TRIPS 时代的国际知识产权制度变革与国际关系的演变——以 WTO 多哈回合谈判为中心》，《中国社会科学》2007 年第 2 期。

以审视，并支持建立相关的保护机制。但美国、日本等国反对将遗传资源和传统知识纳入《TRIPS 协定》框架下的国际规则，认为在国内法层面通过合同规则即可解决相关问题。此外，尽管部分发展中国家极力主张将这两大问题纳入国际保护，但这些国家也曾出现过内部分歧。例如非洲国家集团曾要求全面禁止对任何生命形式（包括动物、植物和微生物）的专利保护，其他国家则持不赞同态度。[①] 受上述多种因素的干扰，目前尚未在 TRIPS 层面就遗传资源和传统知识的保护达成具有实质意义的结果。

二、WIPO 框架下规则体系的约束力减弱

WIPO 是联合国下设的政府间国际组织，承担着推动国际条约发展、跨国知识产权申请合作、向发展中国家提供法律和技术援助等任务。[②] 在国际条约签署上处理前沿技术、可持续发展目标、全球卫生、竞争政策等不断发展变化的知识产权议题，就必要的变革和新的规则进行谈判，并在此基础上制定、发展和管理《海牙协定》《里斯本协定》《马拉喀什条约》《视听表演北京条约》等国际条约。在知识产权国际申请上，建立了商标注册马德里体系、专利注册的合作条约、外观设计注册的海牙体系、地理标志的里斯本体系以及一系列替代性争议解决机制，有利于在全球市场保护技术、品牌、外观设计、基于产

[①] 古祖雪：《后 TRIPS 时代的国际知识产权制度变革与国际关系的演变——以 WTO 多哈回合谈判为中心》，《中国社会科学》2007 年第 2 期。

[②] 参见李玲娟、温珂：《新形势下我国知识产权全球治理环境挑战与对策建议》，《中国科学院院刊》2019 年第 8 期。

地的产品并提供替代性争议解决服务。通过建立可持续技术交易市场（WIPO GREEN）、技术创新与支持中心（TISC）、专业化与专利信息查询（ASPI）、匹配资源提供方和需求方（WIPO Match）等方式促进技术的全球流动。例如通过建立可持续技术交易市场（WIPO GREEN）在发展中国家和发达国家之间推动绿色技术解决方案的创造、应用、转移和传播，为全球技术提供方和需求方搭建沟通桥梁，并提供一系列服务以促成互惠互利的商业交易。

1986年以前，知识产权国际规则的制定与发展几乎完全依赖于WIPO，尤其在乌拉圭回合谈判后，WTO开始涉足与贸易有关的知识产权问题，并在专业技能等诸多方面依赖于WIPO的协助。[1]不过近年来，WIPO在新兴经济领域的发展进程中，其协调国际条约的能力正不断下降。一方面，WIPO主导构建规则体系的约束力在《反仿冒贸易协议》（以下简称"ACTA"）、《跨太平洋伙伴关系协定》（以下简称"TPP"）、CPTPP等区域性规则的诞生和发展中不断弱化。另一方面，以美国为代表的发达国家通过贸易战等方式，单边输出本国在商业秘密保护、药品专利等知识产权方面的主张和标准，破坏了WIPO框架下的多边体系。此外，世界卫生组织、世界粮农组织等国际组织愈发关注知识产权保护问题，并制定了特殊领域内的知识产权规则和标准[2]，

---

[1]　Debora J.H.，"The World Intellectual Property Organization：Past，Present and Future"，*Journal of Copyright Society of the U.S.A.*，Vol.54，No.2，Dec.2007.

[2]　参见董涛：《全球知识产权治理结构演进与变迁——后TRIPs时代国际知识产权格局的发展》，《中国软科学》2017年第12期。

也在一定程度上弱化了 WIPO 既有规则的约束力。例如，为指导各成员国，尤其是传统医学发源国关于传统医学知识的保护，世界卫生组织于 2000 年 12 月在泰国曼谷发表了《传统医学范畴知识产权区域间讲习班报告》。[1]2003 年 5 月 28 日第 56 届世界卫生组织世界卫生大会通过《世界卫生组织 2002—2005 传统医学战略》，认识到传统医学知识往往被科学家或企业占有并进行专利申请，而没有给予原拥有者应有的补偿。要求成员国在制定传统医学国家政策法规时应充分考虑知识产权保护，防止"生物盗窃"（bio-piracy）的发生。

三、RCEP 等区域性贸易协定持续形成

由于 WTO 多哈回合谈判陷入僵局，多边贸易体系面临困境，各国开始在区域性与跨区域性、双边与诸边的贸易谈判中纳入知识产权条款。2016 年，TPP 在美、日、韩等国的主导下正式签订成型。虽然美国在特朗普上任后退出了 TPP，但在日本的推动下 TPP 很快转化为 CPTPP，并经日本、新加坡、越南、加拿大、墨西哥、澳大利亚、新西兰等国家批准后于 2018 年底正式生效。在发达国家和地区主导的区域协定之外，中国等发展中国家也积极推动区域自由贸易协定的签署。例如 2022 年 1 月 RCEP 正式生效，并在第十一章专章提出了知识产权的相关规定[2]，这是知识产权国际规则呈现出"高标准自由贸易协定"趋

---

① World Health Organization：WHO traditional medicine strategy：2014—2023，https://www.who.int/publications/i/item/9789241506096，最后访问日期：2023 年 8 月 3 日。

② 参见马一德：《RCEP 知识产权规则的多维度解读及中国应对》，《广西社会科学》2022 年第 4 期。

势的重要标志，也是我国实施自由贸易区提升战略的关键一步。此外，尽管 ACTA 事实上已经流产，但是美国等西方发达国家不遗余力地以各种形式推行其在 ACTA 中设定的标准，并终将会使其以最低标准的形式呈现在多边机制中。①

TPP 的谈判开始于 2005 年，议题几乎涵盖新时代国际经贸一体化所需的全部内容，包括市场进入、原产地规定、纺织品与成衣、海关管理、食品安全检验及动植物防疫检疫、技术性贸易障碍、贸易救济、投资、贸易便利化、跨境服务、金融、电信、政府采购、知识产权等，其市场开放标准也高于 WTO。TPP 虽然不是专门针对知识产权的谈判，但在某些方面的知识产权保护力度相较于 ACTA 更强。在版权方面，TPP 规定了临时复制，并要求成员国延长保护期。② 在专利方面，TPP 扩大了专利保护范围，要求缔约国成员延长药品专利因上市审批等原因而导致的保护期，允许成员将动植物和疾病诊治方法纳入保护范围。在商标方面，TPP 要求缔约国开放气味和声音商标的注册。在刑事处罚方面，TPP 不要求以主观要件为刑事处罚的条件，也就是刑事处罚范围包括了非故意侵犯知识产权的行为。根据 TPP 文本，至少占到 TPP 经济总量（参考 2013 年的国内生产总值）的 85% 的六个成员国通过批准才能生效。然而占成员国国内生产总值总量绝大多数的美国内部分歧很

① See Bryan M.，"Beyond the Text：The Significance of the Anti-Counterfeiting Trade Agreement"，*Journal of International Economic Law*，Vol.15，No.2，Apr.2012.

② 参见张磊、徐昕、夏玮：《〈跨太平洋伙伴关系协议〉（TPP）草案之知识产权规则研究》，《WTO 经济导刊》2013 年第 5 期。

大，前美国总统奥巴马在任时期就迟迟没有通过，特朗普就职当天更是直接宣布退出 TPP。美国退出 TPP 之后，剩下的 11 国摇摆不定，并开始寻找新的合作方式代替 TPP。在日本等国的力推下，TPP 的其他 11 个成员国继续推进 TPP，并在 2018 年 3 月 8 日签订了 CPTPP。2021 年 9 月 16 日，我国正式提交了加入 CPTPP 的书面申请，并在 2023 年 6 月递交了中国加入 CPTPP 的交流文件，表明我国有意愿、有能力加入 CPTPP。从发展态势看，CPTPP 正呈现出跨洲扩大并连结 RCEP 等既有区域性协定的趋势，未来 CPTPP 很可能作为世界经济贸易秩序重塑的核心。从其签署内容看，CPTPP 与 TPP 一脉相承，整体上以建构高质量、高标准的新型国际经贸规则为目标。例如 CPTPP 要求缔约方尽最大努力将非可视性的声音和气味纳入可申请注册为商标的标记类型。在地理标志专门保护或其他法律手段保护的正当程序要求上，CPTPP 更加重视地理标志不同保护模式之间的协调。同时不仅对已注册的驰名商标提供保护，而且对未注册驰名商标也给予保护。在药品数据保护方面，CPTPP 加强了对农用化学品、药品和生物制剂的保护。在执法程序的细化和侵权责任加重上，CPTPP 执法措施对著作权、商标权、商业秘密等知识产权的保护力度更大。

RCEP 是在东盟国家主导下签署的区域自由贸易协定，包括了保护范围、权利限制与例外等知识产权条款，是一个符合各成员国发展需要且互惠共赢的高水平自由贸易协定。知识产权被规定在 RCEP 第十一章，本章共有 14 节、83 个条款，涵盖了基本原则、著作权和相关权利、商标、地理标志、专利、工业设计、遗传资源、知识产权的实施等方面内容，详细规定了知识产权保护客体、程序及执行措施，是我国目前加入的知识产权内容最多、篇幅最长，且被规定的最为丰富和全面的自由贸易协定。① 在规则设计上，RCEP 吸收并整合了东亚地区其他自贸协定的部分规则，相较于《TRIPS 协定》在权利保护范围上进行了相对扩张②，部分内容甚至超出了《TRIPS 协定》确定的范围。与此同时，RCEP 在知识产权保护上的更大亮点在于，其既肯认了一部分发达国家的知识产权保护诉求，也在很大程度上满足了发展中国家在公共健康等问题上的需求，延续了经济全球化背景下削减乃至取消贸易壁垒的重要目的③，有助于保障智力成果在全球贸易往来中的广泛传播并有效配置知识资源，实现发展与保护的双重目标。

不过尽管发达国家和发展中国家纷纷签署区域性贸易协定，但新的"超 TRIPS 条款"（TRIPS-plus 条款）却远未达成共识。发达国家和发展中国家利益诉求并未得到充分整合和平衡，发达集团内部（如欧盟和美国）也存在立场不一致和规则龃龉。全球知识产权正在以不同贸易伙伴阵营为核心，处于内部冲突和摩擦之中。④

---

① 参见《商务部国际司负责同志解读 RCEP（三）》，《国际商报》2020 年 11 月 16 日。

② 参见王黎萤、王雁、张迪、杨妍：《RCEP 知识产权议题：谈判障碍与应对策略——基于自贸协定知识产权规则变革视角的分析》，《国际经济合作》2019 年第 4 期。

③ 参见吴汉东：《知识产权本质的多维度解读》，《中国法学》2006 年第 5 期。

④ 马一德：《全球治理大局下的知识产权强国建设》，《知识产权》2021 年第 10 期。

四、中美知识产权协定等双边协定占据重要地位

知识产权国际保护最初从双边协定发展而来，与知识产权有关的双边协定既包括专门为保护知识产权而建立的双边协定，也包括在自由贸易协定中签署的知识产权条款。当前，我国签署的且在世界范围内影响较大的双边协定主要包括《中美经贸协议》和《中欧地理标志协定》。

《中美经贸协议》将知识产权置于首章，其第二章虽然名为"技术转让"，但内容与知识产权密不可分。其内容直指与技术相关的知识产权问题以及中国制造 2025 的重要规划，重在限制我国的技术受让，阻碍我国过去选择的"引进、消化、吸收再创新"的发展路径。实质上体现了美国打压我国高新技术产业发展、拖拽我国创新能力提升势头，进而弱化我国在全球经贸竞争中的话语权、维护全球创新霸主地位的目的，是美国霸权主义行径的产物，整体上体现了中美由合作关系向对抗关系的转变。[1]《中美经贸协议》的签署不仅造成我国在创新能力和水平上的压力，而且扭动了第二次世界大战以来在国际社会上形成的多边贸易体制。[2] 照此下去，其他国家可能根据最惠国待遇，要求中国给予同等待遇，这将使得经多方努力才初具规模的多边贸易体制不断减弱。

《中欧地理标志协定》是中国对外签订的第一个高水平地理标志双

---

[1] See National Security Strategy of the United States of America，The White House，https://www.whitehouse.gov/wp-content/uploads/2022/10/Biden-Harris-Administrations-National-Security-Strategy-10.2022.pdf，2023 年 8 月 3 日。

[2] 参见马忠法，谢迪扬：《〈中美经贸协议〉与我国知识产权法律应对》，《武大国际法评论》2020 年第 6 期。

边协定，该协定历时八年谈判，包括了 14 条正文，范围上涵盖了中欧双方各 275 项地理标志产品，内容涵盖了地标保护范围、一般规则等。长期以来，以美国为代表的西方国家在知识产权保护问题上对中国横加指责，该协定的签署首先赋予了中国农产品欧盟官方认证标志，确保欧盟同样尊重中国优良农业传统，这有利于中国农产品获得欧盟甚至全球消费者认可，维护中国农产品国际市场利益，同时促进我国农业产业链转型升级、乡村特色产业发展并塑造集聚效应。其次，该协定的签署将进一步提升中欧经贸合作质量。2018 年中国进口欧盟农产品规模为 139 亿美元，而同期进口美国农产品规模为 104 亿美元，从一定程度上看，中国市场对欧盟农产品吸引力要高于美国农产品。在此基础上，中国进一步向欧盟释放了市场潜力，这既有利于使欧盟企业开拓中国市场、获取市场利润和份额，同时有利于使欧盟产品得到保护和高品质保障，有效阻止假冒地理标志产品。最后，协定标志着中国有意愿融入高水平国际保护规则、加强知识产权保护的坚定决心，向世界传递了中国推动构建开放型世界经济新格局的信心和决心，回应了西方涉华知识产权的不实批评。

第三节　全球知识产权治理面临的挑战

"后 TRIPS 时代"，WTO 体制内的国际立法停滞不前，WIPO 框架下的知识产权立法进程也较为缓慢，代之而起的是知识产权单边主义行径和较为零散的知识产权规则。从某种意义上说，全球知识产权治理陷入了困境。① 这种困境主要体现在知识产权利益失衡、争议解决机制困境、区域治理水平参差不齐和单边主义抬头四个方面。

一、全球知识产权治理利益失衡

《巴黎公约》的签署标志着全球知识产权治理进入了发展期。欧洲是知识产权制度的诞生地，也是全球主要的政治、经济和科技中心。在《巴黎公约》为主要知识产权国际条约的全球知识产权治理时期，全球知识产权治理进程主要由欧洲推动和主导。但美国在两次世界大战后的综合国力显著上升，成为了全球主要经济强国。美国为保持贸易优势，在全球经贸竞争中将知识产权作为扩大贸易利益的工具，通过各种途径将知识产权与多边贸易机制紧密挂钩，最终在其主导下，于 20 世纪 80 年代推动签署了《TRIPS 协定》。至此，全球知识产权的治理中心从欧洲移向了美国。《TRIPS 协定》受全球自由主义市场理念的指导，在全球各国广泛参与的前提下，顺理成章地成为了利益分配的调节器。但是《TRIPS 协定》在本质上仍然是美国利益主导下的产物。其不仅很大程度上忽略了发展中国家的利益诉求，对公共健康、环境保护等关系公共健康福祉的问题缺乏关注，而且一味扩大美国等发达国家利益。

但世界经济格局并非一成不变。21 世纪以来，中国等新兴经济体的综合国力不断增强，尤其在经济和科技领域势头渐盛，相应地在全球知识产权治理中的话语权也稳步提升。例如在 21 世纪初，发展中国家

---

① 徐元：《全球知识产权治理：文献述评与研究展望》，《重庆大学学报（社会科学版）》2023 年 3 月 31 日（中国知网网络首发）。

就争取通过了《多哈部长宣言》和《TRIPS 与公共健康宣言》，承认了公共健康问题是摆在世界面前且影响到发展中国家国计民生的问题，并允许发展中国家和最不发达国家因肺结核等流行性疾病可以通过强制许可自己生产有关专利药品。① 尽管发达国家作出了一定的让步，但美国的世界霸主之心不减，其通过将知识产权与贸易挂钩，制造贸易壁垒等方式，打压发展中国家的发展进程，间接维护本国产业利益。② 例如美国针对新兴市场国家发起"特别 301 调查""337 调查"和"332 调查"等，压缩其他国家在本国市场的利益空间。与此同时，发达国家采取逐个击破的方式，先与个别发展中国家签订双边协定，借机逐步瓦解发展中国家阵营并打压谈判能力。因此，从结果上来看，知识产权成为了发达国家维护本国科技创新和贸易竞争力的有力工具，所谓开放包容、普惠平衡等理念尚未在实践中得以贯彻落实，而且发达国家的知识产品被紧紧掌握在私人公司手中。③ 尤其进入 21 世纪以后，单边主义、双边主义和小多边主义大行其道，知识产权治理逐渐成为了强权导向下的利益博弈工具，发达国家选择性忽略发展中国家在教育、健康、发展等方面的基本诉求。

---

① 吴汉东、郭寿康主编：《知识产权制度国际化问题研究》，北京大学出版社 2010 年版，第 296 页。

② 参见李玲娟、温珂：《新形势下我国知识产权全球治理环境挑战与对策建议》，《中国科学院院刊》2019 年第 8 期。

③ 参见 C. Anupam & S. Madhavi, "The Romance of the Public Domain", *California Law Review*, Vol.92, No.5, Feb. 2004。

二、全球知识产权争议解决机制面临困境

逆全球化在直接造成全球知识产权治理利益失衡的同时，也间接对WTO 的知识产权争端解决机制产生了消极影响，同时也阻碍了 WIPO争端解决机制的发展。

逆全球化对 WTO 知识产权争端解决机制带来的首要负面影响是WTO 知识产权争端解决机制难以启动。美国和欧盟曾经在 WTO 提起了大量关于知识产权的申诉案件。据统计，1996 年至 2008 年，美国和欧盟作为申诉者提起的 WTO 知识产权争端案件共 24 件，占该时期WTO 知识产权争端案件总数的 85.71%（1996 年至 2008 年 WTO 知识产权争端案件总数为 28 件），这意味着在该时间段内，美国和欧盟提起了比其他任何成员国加起来都要多的 WTO 知识产权申诉案件。但 2008年金融危机后，以美国为首的发达国家集团很少作为申诉者提起 WTO知识产权争端案件，而是转向了单边主义行径。再加上以美国为首的发达国家集团对 WTO 知识产权争端解决机制的影响较大，导致近年来WTO 知识产权争端解决机制被"冷落"。第二个负面影响是 WTO 知识产权争端解决机制的适用空间被双边争议解决方式不断挤占。近年来双边争议解决方式之所以大行其道，原因之一是双边协定包含的知识产权保护标准远高于《TRIPS 协定》，通过双边协定解决知识产权争议可以让别国执行更高的知识产权保护标准。如《TRIPS 协定》第 39.3 条规定，应保护为了获得批准而提交的未公开的实验数据或其他数据，但并没有规定该数据的保护期，而美国在双边自由贸易协定中确定了五年的

最低保护期。^① 原因之二是美国等发达国家在国际交往过程中往往处于优势地位，这使得双边知识产权争议解决的结果更容易符合发达国家的利益需求。但是发展中国家更倾向于接受 WTO 争端解决机制，因为多边争端解决机制往往以规则为基础，而不是以权力为基础。^② 这对于经济实力较为薄弱的广大发展中国家来说，更有利于提出本国的利益诉求并得到实现。相反，受国家综合实力影响较大的双边争端解决机制排除了 WTO 知识产权争端解决机制中的第三方参与和适用最惠国待遇原则，同时又可适用"赔偿金"规则，争端解决过程呈现出以"权力"为导向的特点，造成对 WTO 知识产权争端解决机制的侵蚀，不利于维护广大发展中国家的利益。第三个负面影响是贸易和技术保护主义抬头抑制了 WTO 知识产权争端解决机制的启动。以美国为例，美国贸易和技术保护主义抬头，表现出对国际贸易规则的不信任，甚至不遵守。2017年 3 月 1 日，美国贸易代表办公室发布了特朗普政府的《2017 年贸易政策议程及 2016 年度报告：美国总统贸易协定规划》，该文件中美国国会明确指出美国不受 WTO 争端解决机构裁决的约束，即 WTO 争端解决机构作出的裁决不会自动导致美国国内法的改变。^③ 这将减少 WTO

---

① Free Trade Agreement between Australia and United States of America，Article 17.10.1（a）.

② J.E. Lee，"Macroeconomic Determinants of the World Trade Disputes"，*Applied Economics*，Vol.44，No.33，Jan. 2011.

③ 2017 Trade Policy Agenda and 2016 Annual Report of the President of the United States on the Trade Agreements Program，Office of the United States Trade Representative，https://ustr.gov/sites/default/files/files/reports/2017/AnnualReport/AnnualReport2017.pdf，2023 年 8 月 3 日。

知识产权争端解决机制的利用率。美国曾是国际贸易规则的主要发起者、推行者和守护者，关税与贸易总协定（GATT）和 WTO 国际贸易规则都是在美国的积极推动下建立并完善。美国曾通过发起大量 WTO 知识产权争端案件，以督促其他国家遵守 WTO 知识产权规则。而在奉行贸易和技术保护主义时，美国的某些行为并不符合 WTO 规则，在自身行为无法得到 WTO 规则支持的情形下，美国提起 WTO 争端案件的积极性降低。而发展中国家则由于被美国等发达国家通过外交手段压制，或者自身运用 WTO 争端机制能力有限，例如缺乏专业人员来妥善处理争议等原因，降低了应对其他国家投诉的能力以及对其他不遵守 WTO 规则的成员提出控诉的能力[1]，最终导致 WTO 知识产权争端解决机制利用率的减少。第四个负面影响是 WTO 争端解决机制上诉机构难以持续运行。WTO 上诉机构有 7 名常任法官，任期为 4 年，可连任一次。早在奥巴马政府时期，美国就曾阻挠过 WTO 上诉机构法官的任命，呈现出司法任命程序往政治化方向发展的迹象。美国奥巴马政府于2011 年阻挠美国公民珍妮弗·希尔曼（Jennifer Hillman）在 WTO 上诉机构的再次连任，于 2014 年阻挠美国公民詹姆斯·加西（James Gathii）在 WTO 上诉机构的再次连任，于 2016 年阻挠韩国公民张胜和在 WTO上诉机构的再次连任。自 2017 年以来，美国特朗普政府分别于 2017 年6 月 30 日、2017 年 8 月 1 日和 2017 年 12 月 11 日三次阻挠 WTO 上诉

---

[1] F. Jose, "TRIPS and the Dispute Settlement Understanding: The First Six Years", *AIPLA Quarterly Journal*, Vol.30, No.2, Spring. 2002.

机构新法官的甄选程序，导致 WTO 上诉机构于 2018 年 6 月只有 4 名法官。WTO 上诉案件审理需 3 名法官参与，这使得剩下的 4 名法官无法按期完成堆积如山上诉案件的审理。并且在这剩下的 4 名法官中，来自毛里求斯的法官任期已于 2018 年 9 月 30 日届满（其可再连任），来自美国和印度的 2 名法官任期已于 2019 年 12 月 10 日届满（2 人均已连任一次，不可再连任）。[①] 此后，美国继续阻挠 WTO 上诉机构新法官任命的甄选程序，致使 2019 年底时 WTO 上诉机构只剩下 1 名法官，这极大阻碍了整个 WTO 上诉机制的正常运行。美国阻碍 WTO 上诉机构运行的原因概括来看有以下五个方面：（1）WTO 上诉机构通过对 WTO 协议的解释为成员创造了新的协议内容；（2）WTO 上诉机构对争端当事方没有提出和不是解决争端所必需的事项发表具有约束力的意见；（3）WTO 上诉机构对其秘书处过分依赖，一些法官缺乏专业法律知识，导致他们过分依赖秘书处的工作；（4）WTO 上诉机构认为只有对其保留协议的解释是有效的，而不顾文本约定的多种解释方式；（5）过度审查，WTO 上诉机构推翻或修改了 85% 的专家组裁决。[②]

此外，WIPO 关于司法争端解决也存在如下问题。首先，WIPO 可解决的争端事项过于有限，主体仅限于成员国之间，内容限于对条约的解释与适用。其次，可用于解决争端的国际条约较少。在范围上仅

---

① Appellate Body Members，WTO，https://www.wto.org/english/tratop_e/dispu_e/ab_members_descrp_e.htm，2023 年 8 月 3 日。

② E. Fabry，E. Tate，"Saving the WTO Appellate Body or Returning to the Wild West of Trade"，Notre Europe Institut Jacques Delors，2018，p.10.

WIPO 管理的部分国际条约可用于争端解决，包括《伯尔尼公约》《巴黎公约》《罗马公约》《专利合作条约》《维也纳条约》，只占 WIPO 管理条约总数的约 19%。[①] 而且仅《伯尔尼公约》《巴黎公约》和《罗马公约》能提供实质性的国际知识产权保护，《专利合作条约》着眼于专利国际保护体系的建构，《维也纳条约》则仅适用于知识产权国际保护中的国际分类。最后，WIPO 争端解决机制并无强制管辖权。因为 WIPO 允许成员国在加入条约时声明对争端解决条款的保留，而一旦成员国作出了此类保留，就意味着不受争端解决条款的约束。

三、区域性知识产权治理参差不齐

RCEP、CPTPP、USMCA 等含有高水平知识产权规则的区域贸易协定的签订，导致知识产权出口国的技术和产品在国际上的垄断地位[②]被削弱。同时上述各区域贸易协定本身的治理水平也呈现出参差不齐的特征。

RCEP 是目前全球范围内经济体量与覆盖国土面积最大的区域自由贸易协定，除中国外，还包括日本、韩国、澳大利亚、新西兰以及东盟十国，创建出了一种极具东亚特色的新规则和新发展模式，兼顾了"开放"和"限容"的特点[③]，是新时期扩大以发展中国家为主要成员的对

---

① 魏钢泳：《论逆全球化对知识产权国际保护的影响》，中南财经政法大学博士学位论文 2020 年。
② 参见张惠彬、王怀宾：《高标准自由贸易协定知识产权新规则与中国因应》，《国际关系研究》2022 年第 2 期。
③ 参见杨娜：《全球经济治理机制的革新与探索——以 RCEP 的构建为例》，《国际经贸探索》2020 年第 12 期。

外开放重要平台，有助于发展中国家进一步优化对外贸易和投资布局。CPTPP 是亚太区域内首个大型的自由贸易区，也是世界范围内第三大自由贸易区。其中知识产权编的内容占据了重要地位，且在知识产权保护力度上呈现出 TRIPS-Plus 的特征，是全球范围内最高标准的自贸协定，缔约国有日本、加拿大、澳大利亚、新西兰、文莱、新加坡、马来西亚、越南、墨西哥、秘鲁以及智利共 11 个国家。USMCA 则采纳了更为严格的知识产权保护规则。

RCEP 和 CPTPP 都是高水平的自由贸易协定，但经比较可以发现，RCEP 和 CPTPP 的主要内容并不相同。在涵盖的领域上，传统议题是 RCEP 的主要议题，规则范围并不广泛。相较而言，除了传统议题外，CPTPP 还规定了一些包括知识产权保护在内的高水平自由化规则。例如 CPTPP 规定了对农业化学品未披露数据或其他数据的保护，但 RCEP 中尚无相关规定。而且作为高水平自由贸易协定，CPTPP 不仅相较于 RCEP 降低了货物贸易成本，还提高了服务业、知识产权等方面的贸易标准，要求各成员国提高服务行业的开放程度。在一定范围内建立起了更加自由的服务产业国际市场，提高了服务贸易的便利化程度。例如在电子商务章节，强调了贸易的数字性质。倡导在合理合法的基础上，扩大信息和数据的流动和应用范围。同时，重视数字贸易中数据保护等规则，有助于促进区域内数字经济的发展。① 在知识产权保护力度

① 余淼杰、蒋海威：《从 RCEP 到 CPTPP：差异、挑战及对策》，《国际经济评论》2021 年第 2 期。

上，CPTPP 将气味作为可注册商标的类型，但 RCEP 中目前没有对气味商标加以保护的规定。CPTPP 规定了版权人的复制权可以通过电子的方式行使，并将复制权的权利范围扩大到了临时复制权，但这两项进步均未在 RCEP 中得到体现。CPTPP 规定了惩罚性赔偿制度作为法定赔偿之外的补充性规定，而 RCEP 中规定的损害赔偿更侧重于我国民法传统的填平主义，保护力度上还有所欠缺。CPTPP 规定了十分严格的边境措施，RCEP 中的规定则与《TRIPS 协定》相近，CPTPP 还在此基础上增加了"混淆性相似商标"，对侵权货物的范围进行了更大程度的扩大。在驰名商标的保护上，CPTPP 虽然和 RCEP 一样不以注册为要件，但 CPTPP 相较于 RCEP 还为驰名商标提供了跨类保护。RCEP 和 CPTPP 二者存在差异的主要原因是核心经济体国家政策上的不同。以日本为例，其在不同的发展阶段就呈现出了差异化的态度。CPTPP 的落地标志着日本在抢占区域合作先机、增加对美谈判筹码、扩大国外市场、振兴国内经济等方面迈出了重要的一步。①

USMCA 的特点也十分鲜明，且与 RECP 和 CPTPP 存在较大差异。USMCA 增加了对专利和商标的保护期限，提高了对生物技术、金融服务甚至域名的保护，大幅强化知识产权的保护力度，其保护力度在当今所有贸易协定中居于前列。例如，赋予了生物制品 10 年的数据保护期，版权保护期延长到作者去世之后 70 年。此外，还对数据音乐、电影、

---

① 参见常思纯：《日本主导 CPTPP 的战略动因、影响及前景》，《东北亚学刊》2019年第 3 期。

书籍等产品提供了严格的知识产权保护，甚至有观点认为对商业秘密提供了有史以来最强的保护。

四、全球知识产权治理单边主义抬头

进入 21 世纪以来的"后 TRIPS 时代"，知识产权国际规则不仅内容多样且较为零散，而且还具有单边化特点。[①] 尤其是美国自退出 TPP 以来，一改之前对多边主义的支持态度，经常性地试图采取单边主义、贸易保护主义等不合理的手段来解决问题。[②]

美国 1988 年《综合贸易与竞争法》规定的"特别 301 条款"常用于实施知识产权单边制裁。该条款将知识产权保护纳入了美国贸易法中，将美国的贸易政策与其他国家对美知识产权的保护状况挂钩。[③] 而从 1993 年起,《特别 301 报告》依据美国贸易伙伴在各自知识产权保护上存在问题的严重程度，将其分别列入"重点国"（Priority Foreign Country）、"重点观察国"（Priority Watch List）、"观察国"（Watch List）以及"306 条款监督国"（Section 306 Monitoring）。对于被《特别 301 报告》列入"重点国"的国家，美国贸易代表办公室可在报告发布后 30 天内对其展开 6—9 个月的"特别 301 调查"，并就知识产权问题与该国

---

① 参见吴汉东:《中国知识产权法律变迁的基本面向》,《中国社会科学》2018 年第 8 期。

② 王晓丽、严驰:《从 RCEP 展望 CPTPP：知识产权条款分析及对我国的启示》,《法治论坛》2021 年第 4 期。

③ 参见李明德:《"特别 301 条款"与中美知识产权争端》, 社会科学文献出版社 2000 年版，第 177 页。

进行谈判，迫使该国修改与知识产权保护相关的政策法规，否则可采取贸易措施加以报复。对于被列入"306 条款监督国"的国家，美国可直接对其发动贸易制裁，而无需调查环节。被《特别 301 报告》列入"重点观察国""观察国"的国家，将受到美国"对有关知识产权保护领域的重点关注或关注"，一般不会立即遭受美国的贸易报复措施。"特别 301 调查"是美国通过单边评价的方式将知识产权保护标准强加给其他国家，进而实现支配全球知识产权保护力度的工具。之所以将其纳入全球知识产权治理的研究范围，主要出于以下原因。首先，"特别 301 调查"对某国的负面评价会严重影响该国在国际上的投资形象。若某国被美国《特别 301 报告》标识为"重点国"与"重点观察国"，不仅会影响该国在美国投资者心目中的形象，同时还会损害该国在其他外国投资者心目中的形象。尤其是将该国与其周边邻国相比，而周边邻国在《特别 301 报告》中的形象更佳时，这可能导致外国投资者转向周边邻国投资生产专利、著作权或注册商标的商品。其次，"特别 301 调查"对某国的负面评价会直接影响该国向美国的出口贸易。美国将知识产权保护与普惠制待遇（GSP）紧密捆绑在一起，保护美国知识产权是美国考虑给予该国普惠制待遇的重要条件之一。2009 年 12 月 9 日，美国电影协会（MPAA）主席兼首席执行官丹·格里克曼（Dan Glickman）在众议院小组委员会作证时，敦促美国政府应明确将提供给发展中国家的单边贸易利益与该国的知识产权保护情况联系起来。他表示，普惠制待遇和其他贸易优惠项目，旨在向发展中国家提供贸易优惠，同时保护美国的经济利益，需特别发挥在受益的发展中国家寻求和确保改进知识产权立法和执法方面的杠杆作用。"特别 301 调查"和普惠制待遇资格的结合，为美国政府提供了强大的知识产权跨国执法工具，在某些情况下，暂停普惠制优惠的威胁甚至已经促使受援国采取积极的举措改善其知识产权保护环境。所以，将保护美国的知识产权作为继续领取普惠制待遇的条件，就会使其他国家主动与美国政府合作，以解决该国在《特别 301 报告》中出现的知识产权保护的不足之处。最后，"特别 301 调查"对某国的负面评价会导致美国对该国采取直接的报复性贸易制裁。对于被列入"重点国"的国家，如果该国在 6—9 个月的"特别 301 调查"期间就知识产权保护议题未能与美国达成一致协议，美国可直接对该国实施加征惩罚性关税等报复性贸易制裁措施。在 2008 年全球金融危机之后，"特别 301 调查"这一单边制裁措施愈加被美国滥用。例如，《印度专利法》中的第 3（d）节允许专利主管机关以缺乏创造性为依据驳回专利申请，印度曾依据该条款驳回百时美施贵宝公司的达沙替尼专利以及诺华公司的格列卫专利，同时，《印度专利法》还有关于专利强制许可的规定。尽管印度声称其知识产权制度完全符合所有国际条约的规定，但美国对印度关于药品的知识产权保护标准非常不满，并在 2014 年的《特别 301 报告》中将印度列为了"优先观察国"，同年美国还对印度的知识产权保护体系启动所谓"周期外审查"，不断向印度政府施压。

除了"301 条款"外，美国还通过《1930 年关税法》的"337 条款"实施单边主义。《1930 年关税法》是美国为应对第一次世界大战后全球蔓延的保护主义而出台的法律。但最初的"337 条款"作用相当有限,该条款既没有为进口救济提供明确的行政机制,也未赋予当时该条款的执法机关——美国关税委员会(U.S. Tariff Commission)足够的执法权限与资源。美国《1974 年贸易法》实施后,美国国际贸易委员会成为了"337 条款"的执法机构,被赋予了较强的执法权。《1988 年综合贸易与竞争法》再次修订了"337 条款",使其具有了打击进口贸易中不公平贸易行为的功能,成为了打击进口贸易中侵犯美国知识产权的强大的有效工具。① "337 条款"可规制两类行为。第一类行为是不公平贸易进口,但并不涉及知识产权。第二类是涉及知识产权的不公平贸易进口。例如侵犯了美国已经有效登记且可执行的专利权、商标权、著作权和集成电路布图设计专有权等。近几十年来,实践中很少出现针对第一类行为的"337 调查",几乎均是与知识产权有关的"337 调查"。② 对美国知识产权权利人而言,"337 调查"与美国国内司法救济途径相比,在制止知识产权侵权上具有优势。首先,"337 调查"的立案简便,当事人可以通过美国国际贸易委员会网站的邮件系统就可提出控诉,也

---

① D.F. Joshua, "Reports of Section 337's Death Have Been Greatly Exaggerated: The ITC's Importance in an Evolving Patent Enforcement Environment", *Berkeley Technology Law Journal*, Vol.30, No.4, Apr. 2015.

② F.A. Abbott, "Section 337 of the Tariff Act: Fighting Distortionary Import Trade and Strengthening American Intellectual Property Rights", Baidu, https://xueshu.baidu.com/usercenter/paper/show?paperid=ccf18e0a05b3f6db7bda8dc475bfcf6f&site=xueshu_se, 2023 年 8 月 3 日。

不用缴纳高额的诉讼费。其次，"337 调查"处理迅速，通常在 1 年内就可结案。最后，美国国际贸易委员会作为"准司法"的独立机构，拥有强大的执法权，美国国际贸易委员会可发出"排除进口令"和"禁止令"，能有效杜绝相关商品的进口与流通销售。"337 调查"这一单边制裁措施在保护美国知识产权利益上具有巨大的威力。首先，"337 调查"的制裁会直接导致某国涉案商品及上下游产品的出口受阻。其次，"337调查"的制裁会对某国出口商品技术上升级换代制造障碍。"337 调查"的制裁会打乱涉案企业正常的生产经营，并进一步阻碍该企业研发、产品转型升级的节奏，甚至将影响该国家整个涉案行业提升产业档次、优化产业结构的节奏。最后，337 调查中涉案企业应诉难度很大。不过当前，随着美国的对外贸易政策从"自由贸易"向"贸易保护"转变，"337 条款"已经成为美国进口管制涉嫌侵犯知识产权商品的单边制裁措施。而且，由于针对美国国内的知识产权侵权需法院司法审理后颁发禁止令，才能禁止侵犯知识产权的国内商品的流通，这实质上形成了美国对国外商品与国内商品在知识产权侵权处理上的双重标准，典型反映了美国奉行的"美国优先"原则。

恶名市场名单（Notorious Markets List）最初是作为《特别 301 报告》中的一部分，指出一些美国之外的从事侵权货物买卖，致使全球盗版和假冒商标活动持续不绝的典型市场。为了提高恶名市场名单的影响力，促进公众对它的了解，同时回应《2010 年知识产权执法合作战略计划》，2010 年奥巴马政府宣布将恶名市场名单作为"周期外审查"，与年度《特别 301 报告》分开发布。[1] 恶名市场名单的特点在于，一旦被纳入该名单则将被一直保留，除非这些市场满足以下条件才会从名单中删除：（1）市场已经关闭，或其受欢迎程度已经减弱；（2）政府执法或市场自愿行动，减少或消除了侵犯知识产权的商品或服务的泛滥；（3）市场所有者或经营者正在与知识产权权利人或政府机关合作解决知识产权侵权问题；（4）市场不再是同类中值得关注的例子。[2] 恶名市场名单是美国保护知识产权的单边措施，恶名市场名单的评判标准缺乏客观性、公平性和科学性。在《恶名市场周期外审查报告》中，美国贸易代表办公室对其他国家相关企业与市场的描述通常模棱两可，例如"据称"或"据报道"等。同时美国还在报告中为自己留有免责的说辞，例如"恶名市场名单并不旨在反映违法行为的调查结果，也不代表美国政府对名单所涉国家的知识产权保护环境的分析"，这是极其不负责任和不客观的行为。与此同时，《恶名市场周期外审查报告》的评判程序与结果均严重缺乏透明度，对于他国知识产权保护的评价缺乏公正与善意。

第四节　全球知识产权治理的基本理念

基于全球知识产权治理面临的上述问题，习近平总书记提出的人类

---

[1] 2010 Notorious Markets List，USTR，https://ustr.gov/sites/default/files/2010%20 Notorious%20Markets%20List.pdf，2023 年 8 月 3 日。

[2] 2018 Out-of-Cycle Review of Notorious Markets，USTR，https://ustr.gov/sites/ default/files/2018_Notorious_Markets_List.pdf，2023 年 8 月 3 日。

命运共同体理念符合各国人民期待和历史潮流，在建设世界和平、推动全球发展、维护国际秩序方面具有重要意义。全球知识产权治理也应当贯彻人类命运共同体这一基本理念。

一、人类命运共同体指导下的价值方针

党的十八大报告明确提出："合作共赢，就是要倡导人类命运共同体意识，在追求本国利益时兼顾他国合理关切，在谋求本国发展中促进各国共同发展，建立更加平等均衡的新型全球发展伙伴关系，同舟共济，权责共担，增进人类共同利益。"党的二十大报告再次强调，中国式现代化的本质要求之一是推动构建人类命运共同体，创造人类文明新形态。[1] 中国式法治现代化本质目标的推动实现，具象化在知识产权领域，需要依靠法治化、创新型、合作式的知识产权制度保障落实，而采取何种知识产权治理理念，将对知识产权相关实践发展产生内在而深远的影响。因此，在全球知识产权治理中，应当革新理念和观念，将人类命运共同体理念引入当代国际知识产权秩序重构中，从观念上彻底扭转发达国家所构建的话语体系，克服发达国家所推行的保护主义、单边主义和独占保护主义[2]，制定公平公正的知识产权国际规则，推动全球技术创新和进步，实现人类知识共享和可持续发展的宏伟目标。

---

[1] 习近平：《高举中国特色社会主义伟大旗帜　为全面建设社会主义现代化国家而团结奋斗——在中国共产党第二十次全国代表大会上的报告》，中国政府网，http://www.gov.cn/xinwen/2022-10/25/content_5721685.htm，2023 年 8 月 3 日。

[2] 冯晓青：《国际知识产权制度变革与发展策略研究》，《人民论坛》2019 年第 23 期。

以人类命运共同体理念为指引的全球知识产权治理应围绕"共商""共建""共享"的应然价值取向展开，在利益共同体格局中凝集共识并兼顾利益链中的各方立场，从而为促进构建"多元性、包容性、协同性"知识产权治理生态机制[①]，谋求人类创新创造力的发展，提供具有持久生命力的精神力量。

对此，首先要遵循共商全球知识产权治理政策体系的基本方针。《尚书·尧典》中"百姓昭苏，协和万邦"用以处理邦邻关系的原则影响甚深，"非利不动，非得不用，非危不战"的慎战思想贯穿于兵家战争观始终。墨家"兼爱非攻"，以和平方式感化外邦，以促进"睦邻、安邻、富邻"关系形成的主张，体现了传统思想中对多元文化的理解与"共融"。[②]国家间创新创造合作应是开放的、包容的、持续的，经济政治往来也不应是封闭的、凝滞的、排他的，人类社会早已形成"你中有我，我中有你"的"命运共同体"，各国的政策制定更应坚持共商的秩序理念。

其次要践行共建全球知识产权治理法治体系这一基本路径。孔子"君子和而不同，小人同而不和"的处世观，主张在人际交往中始终保持"宽以待人"的态度，强调与自然界、与个人、与群体之间既有个性保持也有共性融合。全球知识产权治理的主要依据和抓手应当是法治治

[①] 参见刘华：《利益共同体意识下我国知识产权文化治理结构的统合与优化》，《华中师范大学学报（人文社会科学版）》2021年第6期。

[②] 参见刘华、李晓钰：《中国式法治现代化进程中知识产权文化的价值取向及其实践回应》，《贵州师范大学学报（社会科学版）》2023年第2期。

理，无论是政策治理还是协作治理，最终都要落实到法治体系上，形成成熟完备且为各国普遍遵守的制度和规则秩序。这就要求在法治体系的共建过程中，一要准确识别各国人民长期以来形成的普遍价值共识，尊重因价值差异而产生的制度和规则差异。二要在国际条约、区域协定和双边协定的制定上充分满足不同国家的利益诉求，尤其要充分关注发展中国家在遗传资源、民间文学艺术等方面的利益关切。

最后要秉持促进知识产权利益共享的价值共识。中华民族内在品性上的文化基因始终坚持"以和为贵，兼容并蓄"的利益共享理念，以求同存异的"中和之道"为利益纷争与秩序和谐找寻价值出口，在利益共荣的基础上实现各方共赢的永续发展，独具东方魅力的精神文化意蕴是"人类社会意识中必备要素"。知识产权相关产业链的联结构建了事实上的知识产权利益共同体，以实现"共享"为长远目标的价值共识是共同体存续的现实基础。智力成果在商品化过程中具有价值叠加的效应，知识产品在创造者、传播者、使用者之间的流转形成包罗万千、纵横交错的价值链网络。纵向价值系统中各环节知识产权参与主体互为关联，价值转移和增值过程前后延伸，前端的创新创造实为源头活水，中端的产业运营搭建沟通桥梁，末端的使用消费促进知识迭代。横向实践领域内的同质知识产权竞争主体，基于对市场机制的规则共识，在博弈中发挥比较优势，形成市场调节、政府引导、自组织控制的反馈机制，并以此保持个性化、多元化知识信息更新与权利结构下的利益分配系统。知识产权利益相关主体无论是互补合作还是良性竞争关系，都能惠宜于知识产权生态圈生产流通的知识财富，构建并永续互利共存的知识产权利益共同体。①

二、人类命运共同体指导下的总体要求

第二次世界大战以后，美国以自由主义为思想基础，以军事实力为后盾，以制造业、金融投资和美元霸权为手段，以联合国、货币基金组织、世界银行和 WTO 等为工具，主导了国际经济秩序的全球化。美国在经济全球化过程中攫取了超额利润。但 2008 年全球金融危机之后，全球经济增长速度明显放缓，全球化的蛋糕不再继续高速变大。在这一背景下，美国通过退出 TPP 等方式走上了逆全球化道路，不再维系全球化的国际秩序，并不惜一切手段只为本国利益服务。导致全球治理体系及决策模式遭受逆全球化的冲击。

面对世界经济发展的难题，各国应协同继续推动全球化。习近平主席在第二届中国国际进口博览会开幕式上的主旨演讲中指出，世界经济发展面临的难题，是没有哪一个国家能独自解决的，各国应该坚持人类优先的理念，而不应把一己之私凌驾于全体人类利益之上。我国要以更加开放的心态和举措，共同把全球市场的蛋糕做大、把全球共享的机制做实、把全球合作的方式做活。② 人类命运共同体是扫清全球知识产权治理障碍的灵丹妙药，是全球知识产权问题解决路径的指向标，也是当

---

① 参见刘华、李晓钰：《中国式法治现代化进程中知识产权文化的价值取向及其实践回应》,《贵州师范大学学报（社会科学版）》2023 年第 2 期。
② 习近平：《开放合作 命运与共》，中国政府网，https://www.gov.cn/xinwen/2019-11/05/content_5448851.htm，2023 年 8 月 31 日。

前全球知识产权治理最重要的理念与愿景，能够引领全球知识产权制度的变革。

构建人类命运共同体倡导建立共商共建共享的全球治理格局。[①] 推动知识产权国际保护规则朝着开放包容、平衡有效的方向发展，在反映最大多数国家特别是发展中国家的意愿和利益[②] 的同时被多数人接受[③]，是构建人类命运共同体对知识产权国际保护的要求。对此，我国应致力于推动全球知识产权治理朝着以下三个方向转变。第一是我国参与治理的身份转变。改革开放 40 年来，中国的知识产权事业取得了长足的发展。随着中国在知识产权国际保护领域话语权、影响力的显著提升，中国不仅仅要在知识产权国际保护方面学习别国成熟的知识产权保护经验并致力于维护全球知识产权秩序，而且还要积极参与全球知识产权治理体系变革，并推动这一治理体系朝着符合人类命运共同体理念要求的方向发展。第二是知识产权在全球治理中的作用转变。知识产权应是世界各国之间创新合作的桥梁，而不能成为贸易和技术保护主义的工具，更不能借知识产权之名行遏制别国发展之实。[④] 例如，中国向来以负责任

[①] 丛立先：《知识产权强国建设中的版权国际合作机制推进与完善》，《中国出版》2022 年第 3 期。

[②] 张明：《知识产权全球治理与中国实践：困境、机遇与实现路径》，《江西社会科学》2020 年第 3 期。

[③] ［美］詹姆斯·N. 罗西瑙：《没有政府的治理》，张胜军、刘小林等译，江西人民出版社 2001 年版，第 5 页。

[④] 《知识产权是创新合作的桥梁，不是保护主义的大棒》，中国政府网，http://www.gov.cn/xinwen/2018-04/04/content_5279919.htm，2023 年 8 月 3 日。

大国的形象参与全球多边事务，未来还将继续深入推进与"一带一路"沿线国家等区域合作交流，通过与金砖国家、中亚国家、东盟国家等开展合作机制，让创新创造更多惠及各国人民，实现互利共赢，促进共同发展。[①] 第三是知识产权规则内容转变。中国作为知识产权大国，理应成为推动知识产权国际保护规则朝着开放包容、平衡有效方向发展的中坚力量。开放包容的知识产权国际保护规则意味着，知识产权国际保护制度能够兼顾不同基本社会制度国家和地区的实际状况和切身利益，容忍不同发展水平国家在知识产权制度方面存在的差异，发挥更为积极的作用，更加有力地推动全球的创新发展。平衡有效的知识产权国际保护规则意味着，知识产权国际保护制度应兼顾发达国家和发展中国家的利益，不仅应对发达国家拥有传统优势的专利、商标、著作权等领域给予保护，还应对发展中国家拥有传统优势的遗传资源、民间文学艺术等领域给予保护，让知识产权国际保护的成果惠及世界各国，促进全球科学技术有效发展。

三、人类命运共同体指导下的具体举措

基于人类命运共同体理念的全球知识产权治理举措包括知识产权意识养成和知识产权实践应用两个方面。

首先，以人类命运共同体理念引领知识产权意识养成。中国式法治现代化本质目标的实现，具体到知识产权领域，需要依靠创新型、合作

---

① 申长雨：《中国是知识产权国际规则坚定维护者》，《人民日报海外版》2018 年 5 月 1 日第 5 版。

式的知识产权制度保障落实，而相应的知识产权意识的定位与走向，将对知识产权相关实践发展产生内在而深远的影响。在具体引领路径上，一是创新与深化知识产权文化内涵。知识产权文化的核心要义是创新价值认同，既要依靠知识产权创新意识引领各项事业发展，发挥知识产权协同技术、劳动、战略、文化、制度、组织等与创新绩效有密切关系的全要素作用，最大限度释放全社会创新、创业、创造动能。同时，知识产权文化本身的内在价值理念也应不断革故鼎新，在洞彻西方知识产权话语构造中的深层次理念逻辑漏隙的基础上，以中华文化和中国理念启发社会共鸣①，为知识产权文化注入更具持久生命力的价值底蕴，进而深度影响世界知识产权话语体系。一方面，人类命运共同体构建的首要阶段和任务是坚决维护并持续发展本国利益，而当前我国经济运行正处于关键阶段，新发展理念将"创新"放在第一位置，意在强调创新是从源头解决发展动能的关键要素。②知识产权相关实践在积极探索提质赋能的基础上，持续将创新机制向质量优化和重点领域拓展。知识产权激励创新的制度与文化效用是新时期我国创新引领发展实践中所必需的基础性、持久性力量，应贯彻于培育创新主体、掌握自主关键核心技术、维护国家创新领域安全等重点任务的方方面面。③另一方面，随着我国

① 参见邵科：《全球知识产权治理博弈的深层话语构造：中国范式和中国路径》，《法学研究》2021 年第 6 期。

② 习近平：《把握新发展阶段，贯彻新发展理念，构建新发展格局》，《求是》2021年第 9 期。

③ 参见刘华、李晓钰：《中国式法治现代化进程中知识产权文化的价值取向及其实践回应》，《贵州师范大学学报（社会科学版）》2023 年第 2 期。

综合实力在国际社会中的影响力度不断加深，不可避免地与西方国家产生制度碰撞，《中共中央关于党的百年奋斗重大成就和历史经验的决议》着意指出："推动中华优秀传统文化创造性转化、创新性发展，加快国际传播能力建设，向世界讲好中国故事。"要善于从中华传统文明以及时代精神中汲取力量，向世界传递体现人类命运共同体意识的中国声音。二是兼收并蓄合作式全球知识产权治理观。尽管受逆全球化思潮的影响，一些国家出现了贸易内向化的倾向，但全人类社会的整体利益诉求、全球性风险危机的解决策略，以及网络化、数字化与智能化深度融合时代的到来，都在昭示加强合作是应对全球化发展中诸多不确定性的必然选择。党的二十大报告明确要求："推进高水平对外开放。"知识产权文化的创新趋向，需从人类发展大潮流、世界格局大变革出发，关切全人类共同的前途命运，警惕并消除国际知识产权制度运行中可能存在的霸权心态。[1] 秉持平等互惠、共商共享的开明立场，强化在科技人才、创新平台、特殊产业等领域的多元合作，维护和助力全球知识产权治理观的可持续发展趋向。但值得注意的是，在当下的国际交往中，中国需要对知识产权强势国家进行的各方面信息垄断保持高度警惕，呼吁打破原有规则体系中的零和思维[2]，提升文化自觉意识并强化文化自信，向世界传递更多中国参与全球知识产权治理的立场和声音，将中国知识

---

[1]　冯晓青：《国际知识产权制度变革与发展策略研究》，《人民论坛》2019 年第 23 期。

[2]　参见刘华、李晓钰：《中国式法治现代化进程中知识产权文化的价值取向及其实践回应》，《贵州师范大学学报（社会科学版）》2023 年第 2 期。

产权思想意识推向世界，为全球知识产权治理贡献中国智慧。

其次，以人类命运共同体思想指导知识产权实践应用。构建和谐社会是贯穿于中华民族社会治理理想的基本思想底蕴，是人类命运共同体理念的精神源泉。中华民族内在品性上的文化基因始终坚持"以和为贵，兼容并蓄"的利益共享理念，强调与自然界、与个人、与群体之间既保持独立个性也追求共性融合，以求同存异的"中和之道"为利益纷争与秩序和谐找寻价值共识，在互惠共赢的基础上实现各方利益的永续发展。以人类命运共同体思想指导知识产权实践应用，应围绕"共商、共建、共享"的实践逻辑展开。其中，共商是全球知识产权政策制定民主化的必要要求，共建是各国参与全球知识产权政策制定的共同义务，共享是全球知识产权政策的追求目标。通过在利益共同体格局中凝集共识，并兼顾利益链中的各方立场，从而为促进构建"多元、包容、协同"知识产权实践生态提供具有持久生命力的精神力量。这要求各国一是秉持更加民主平等、互相尊重的政策"共商"过程。长期以来，知识产权国际条约由发达国家所主导，发展中国家以规则交换市场的方式被迫接受一揽子协定，或者在知识单边主义与知识霸权主义的威压之下不得不修改国内立法以求得贸易或技术红利，陷入了知识产权"西方中心主义"的误区。然而发达国家的强权行径并不利于可持续发展的要求，长此以往也会限缩国际贸易市场的正常发展。我国应当在全球知识产权政策制定过程中，强调各国在国际法的地位上一律平等，尊重发展中国家，特别是最不发达国家在全球知识产权治理论坛和事务中的代表地位和发言权。例如在围绕"一带一路"倡议制定国际政策的过程中，要重视与沿线国家的磋商，理解沿线国家的利益诉求。二是积极追求合作共赢、共担责任的政策"共商"结果。世界各国的社会制度、政治经济等方面并不完全相同，甚至存在极大差异。全球知识产权治理的政治安全风险和经济波动风险等各方面风险依然存在。从全球政策构建的角度来看，中国要秉持"四海之内皆兄弟也""观乎人文，以化成天下"以及"大道之行也，天下为公"等理念[1]，让世界更多国家和相关国际机构共同参与建设和政策共建。中国既要与世界各国增加知识产权战略互信和发展共识，扩大彼此合作的空间，致力于将全球知识产权治理建设成为你中有我、我中有你的共同事业。也要形成互联互通的知识产权产业共同体，大力推动产业合作，拓展知识产权金融等领域的合作空间。还要切实加强贸易和投资自由化与便利化建设，全面加强海关、电子商务等领域的知识产权合作。三是营造更加公平有序、开放包容的知识"共商"生态。国家间应致力于营造更加公平有序、开放包容的知识生态格局。2021 年联合国发布的关于地球健康状况的调查报告显示，全球气候变化、生物多样性遭破坏、环境污染、能源安全问题已彻底成为全人类共同面临的生存危机。呵护共同的物理家园就要求所有的技术创新应遵循可持续发展的环境友好方略，知识产权制度作为创新经济中的系统

---

[1] 赵建文：《中国传统民本思想的人权意涵及当代价值》,《人权》2017 年第 5 期。转引自田旭：《人类命运共同体与全球治理民主化的国方案》,《党政研究》2019 年第 6 期。

性重要环节之一①，理应为生态环境建设与资源有效利用发挥助推器的作用。当下，以"双碳"目标的战略实施为契机，应当从知识型产品的供给端调整技术创新向绿色科技转型升级，促进全产业领域节能减排意识的提升，降低知识型绿色产品的消费成本，进而带动需求端绿色消费意愿的逐步增强。依托知识产权制度政策直接作用于各参与主体行为模式的方式着意塑造并改善其价值信念，最终使各参与主体在制造和享用知识产品的全过程都能自觉考虑环境压力，主动选择资源节约、绿色低碳的生产生活方式，并在全社会营造出尊重自然、和谐共生的生态文明氛围。

第五节　全球知识产权治理的基本原则和路径

全球知识产权治理事关相关国家的切身利益，应对挑战、追求全球正义已经成为多数国家推动全球知识产权治理的共识。全球知识产权治理应以国际礼让、利益平衡与公平效率为基本原则，以多边治理、区域治理和双边治理为基本内容。

一、全球知识产权治理的基本原则

全球知识产权治理首先应遵守国际礼让原则，国际礼让原则蕴含的相互宽容和善意的价值，为处理跨国民商事纠纷提供了重要指引。② 一

---

① 参见郑友德、王活涛、郭玉新：《论应对气候变化的绿色知识产权策略》，《华中科技大学学报（社会科学版）》2016 年第 6 期。

② 参见 H.G. Marier, "Extraterritorial Jurisdiction at a Crossroads: An Intersection between Public and Private International Law", *American Journal of International Law*, Vol.76, No.2, Apr. 1982.

国法院基于礼让原则进而承认与执行外国法院判决，不仅有利于顺利解决跨国知识产权纠纷，而且有助于协调国家关系。在有些国家，其国内法院已经依据国际礼让承认并执行外国法院的判决。为提高全球知识产品贸易的顺畅程度，应当在知识产权判决的承认与执行中积极践行国际礼让原则。首先，要协调国际礼让与互惠原则的关系。互惠原则强调同等对待外国法院的判决，平等保护各国当事人的合法利益。 但互惠原则的适用可能会导致外国法院判决被拒绝承认与执行，影响到当事人的利益。基于国际礼让与互惠原则各自的特点，国际礼让应当被作为外国法院判决承认与执行的基础。如果一国法院基于国际礼让原则承认与执行外国法院判决，那么应当合理解释互惠原则，促成外国判决在国内的执行。 其次还要处理好国际礼让与公共政策的关系。公共政策通常反映了每一个国家经济的、法律的、道德的、政治的和社会的根本准则 ，但在不同的国家以及个案中，其具体标准又存在差异。通常来说，除非对判决的执行有违反道德理念，否则各国应秉持国际礼让精神，对相关外国判决加以承认和执行。

利益平衡是知识产权法的根本理念，应当引导国际知识产权制度

---

① 参见杜涛：《互惠原则与外国法院判决的承认与执行》，《环球法律评论》2007 年第 1 期。

② 参见王承志：《承认与执行外国法院判决中的国际礼让》，《武大国际法评论》第 18 卷第 2 期。

③ 参见何其生：《国际商事仲裁司法审查中的公共政策》，《中国社会科学》2014 年第 7 期。

实现利益平衡的目标。① 知识产权由"特权"发展到"私权",通过赋予权利人合法垄断,使知识产权人以智力成果换取经济利益。这种经济利益一方面能够激励权利人持续创造,另一方面也会推动更多人加入创造者阵营,持续扩大社会的知识财富总量。但是,如果法律的天平过度倾斜于保护创造,甚至给予权利人持久的垄断权,则会使在后的创造者难以利用在先的知识,阻碍后续创造活动的开展,最终也损害了公共利益。② 当前,全球知识产权治理正面临这一棘手的问题,甚至该问题呈现出了愈演愈烈的趋势。具体而言,当前全球知识产权制度已经无法有效地解决发达国家与发展中国家、私人产品与公共产品、专有领域与公共领域、垄断与竞争等一系列冲突,由此引发的利益失衡等问题日趋严重。③ 因此,各国应当重视利益平衡原则在全球知识产权治理中的适用,知识产权国际立法应更加关注传统知识产权的保护、共享和管理,从重商主义向平等主义转变。④ 使全球知识产权治理的结果既能激励创造者又能同时满足社会公共利益的需求,维持正常的社会经济秩序,实现二者之间的合理平衡。但需要注意的是,利益平衡并不存在客观的标准,不过利益平衡作为基本原则,可通过其存在的弹性来

---

① 参见吕炳斌:《知识产权国际博弈与中国话语的价值取向》,《法学研究》2022年第1期。

② 参见刘亚军:《国际标准、利益平衡现实选择——维护我国知识产权利益的路径选择与对策分析》,《国际经济法学刊》2007年第2期。

③④ 张艳梅:《利益平衡视角下知识产权全球治理的局限与突破》,《东北师大学报（哲学社会科学版）》2015年第4期。

为价值引导提供适当的自由空间①，进而满足我国灵活应对国际博弈的需求。

效率与公平正义互为表里。知识产权虽然是私权，但蕴含着十分重要的社会公共利益。②知识产权制度需要平衡好知识产权私有与公共领域保留的关系，并实现公平与效率的均衡一致。所以对知识产权的保护应当超越知识产权人利益的范畴，维护社会的公平与效率，实现利益平衡的追求。效率是知识产权法的思想基础和价值目标③，知识产权的效率要求高效分配知识资源。知识产权的制度效率体现为该制度旨在实现的社会目标与实现该目标的实际情况之间的对比。从一般的原则来说，知识产权制度效率反映了该制度的权利配置及其有效运行所取得的实际效果。知识产权制度效率是实现该制度效益的基本保障，没有效率的保障，就难谓效益。知识产权的公平要求公平推动知识生产和传播，实现知识产权专有领域和公共领域的动态平衡。④知识产权制度应当在确保知识创造行为能带来最大化利益的同时，尽量降低制度的设立和运行成本，在实现公平与效率的基础上进行无形资源的优化配置与有效率运用。与此同时，由于知识产权与文学、艺术、科技等领域深度结合，其

---

① 参见吕炳斌：《知识产权国际博弈与中国话语的价值取向》，《法学研究》2022年第1期。

② 参见冯晓青：《知识产权行使的正当性考量：知识产权滥用及其规制研究》，《知识产权》2022年第10期。

③ 参见吴汉东：《知识产权法价值的中国语境解读》，《中国法学》2013年第4期。

④ 参见冯晓青：《知识产权制度的效率之维》，《现代法学》2022年第4期。

商品属性和战略性资源属性愈发突出，是市场竞争乃至国家竞争的重要手段。市场规则作为一种竞争规则，保证公平是其有效运行的前提。但知识产权政策本身无法满足市场主体对贸易过程稳定性和可预测性的预期[1]，因此为了在国内层面实现知识产权公平，应当将知识产权政策尽快法律化，成为一定时期内稳定不变的贸易规则，最大程度弱化知识产权贸易主体对贸易风险的担忧，从而进一步推动知识产权制度激励效果的实现。在国际层面上，各国之间也应尽量协调统一知识产权法律，构建全球知识产权贸易体系的基础。

二、全球知识产权治理的基本路径

从目前全球知识产权治理互动格局来看，全球知识产权治理的基本内容应当从多边治理、区域治理和双边治理展开。

首先，全球应坚持知识产权治理的多边路径。尽管当前的全球知识产权治理体系存在利益失衡等亟待解决的问题，但以国际条约为主要表现形式的国际规则体系在推动全球贸易自由化和知识产权保护一体化过程中的作用功不可没，而且多边体系凭借其在协调发展中国家与发达国家利益，以及统一知识产权保护水平等方面的优势作用已经被国际社会所适应。所以完全否定既有的全球治理体系并不现实，更为可行的做法是在适当完善既有体系的同时[2]，以 WIPO 和 WTO 多边合作

---

[1]　参见曹新明、孔文豪：《制定知识产权基础性法律所涉若干重要关系初论》，《知识产权》2022 年第 10 期。

[2]　参见易继明：《后疫情时代"再全球化"进程中的知识产权博弈》，《环球法律评论》2020 年第 5 期。

为基础，抓住多边和双边知识产权合作契机，积极推动现有国际规则的完善。其次，中国要顺势加入全球治理的区域体系。为逐步扩大在全球知识产权规则完善中的影响力，中国应当顺应全球趋势，积极融入区域治理体系。未来中国还要继续扩大周边伙伴国家，并与具有共同知识产权利益的国家结伴，借助"一带一路"发展契机，积极搭建知识产权区域平台，达成符合大多数国家知识产权利益需求的区域共识，实现普惠包容、互利共赢的知识产权话语体系。最后，还要重视知识产权双边治理，在双边治理中加强执法共建，扩大在审查授权、跨境执法、争端解决等方面的对外合作 ①，完善司法保护、行政保护、国际仲裁等体制机制，将中国建设成为国际知识产权争议解决优选地，鼓励高水平外国机构在中国开设知识产权服务项目，提高知识产权贸易便利化程度。

---

① 参见马一德：《全球治理大局下的知识产权强国建设》，《知识产权》2021 年第 10 期。

第二章

共商全球知识产权治理的政策体系

政策具有前置指引和柔性缓冲的作用。党的十八大以来，习近平总书记就知识产权工作作出一系列重要指示，在党的十九大报告和二十大报告中对知识产权工作作出了重要论述，多次主持召开中央全面深化改革委员会议，审议通过《关于强化知识产权保护的意见》《关于开展知识产权综合管理改革试点总体方案》等重要文件，作出一系列重大部署。中共中央和国务院印发《知识产权强国建设纲要（2021—2035年）》《深入实施国家知识产权战略行动计划（2014—2020年）》《关于新形势下加快知识产权强国建设的若干意见》《"十四五"国家知识产权保护和运用规划》《关于加强知识产权审判领域改革创新若干问题的意见》等一系列重要文件，在知识产权的创造、保护、运用、管理和服务方面作出系统规划，从国家层面提高了对知识产权工作的宏观统筹力度。

2018年习近平主席在亚太经合组织工商领导人峰会上的主旨演讲中指出，"我们应该共同探讨建立面向新科技革命和产业变革的政策制度体系"①，全球知识产权治理的政策体系正是新科技革命和产业变革政

---

① 习近平：《同舟共济创造美好未来》，新华社，https://www.gov.cn/xinwen/2018-11/17/content_5341341.htm，2023年8月23日。

策体系的重要组成。全球知识产权治理的政策体系应包含总体政策、国际政策、涉外政策和国内政策。总体政策要以全人类福祉为中心规划治理议程。国际政策应包括多边政策和区域政策。涉外政策包括基于产业发展的涉外政策、基于公共利益的涉外政策和基于自身优势的涉外政策。国内政策的制定要在深刻分析基础要素、导向要素和工具要素的基础上，作出全面安排。

第一节　构建全球知识产权治理的国际政策体系

全球知识产权治理中的国际政策制定要围绕各国的多边、区域和双边关系采取差异化安排。同时还要根据不同的区域和双边伙伴关系实施宽严相济的知识产权保护政策。

一、坚持知识产权多边政策体系的对话协商

当多边知识产权对话谈判陷入僵局时，就将知识产权问题与双边贸易政策挂钩[①]是知识产权发达国家的惯用方式和手段。美、欧、日等国和地区为了将知识产权与国际贸易挂钩并减小阻力，惯用手段是将包括中国及俄罗斯、巴西、印度、南非等新兴发展中国家排除在知识产权谈判外，进而尽快达成政策共识。此后再通过政治社会等因素向这些发展中国家施加压力，最后迫使发展中国家为了经贸需求等因素不得不承认既已达成的知识产权共识，最终达到全盘提高国际知识产权保护标准的

---

① 参见蔡晓东：《后 TRIPs 协议时代的国际贸易和知识产权规则》，《政法学刊》2011 年第 5 期。

目的。①时至今日，美欧等发达国家和地区的行径与之前的做法并无实质上的区别，仍然是知识产权发达国家为实现本国和本区域利益最大化而转向区域"建群"，在小范围内达成知识产权保护政策共识的基础上，最终得以面向全球范围输出本国知识产权政策。基于上述行径，一方面，如果中国不加入发达国家为主体的多边政策协商，那么中国无需受其牵制，也无需激进地提高知识产权保护标准。但另一方面，大多数发达国家都拥有潜在的国际市场，也是中国重要的贸易伙伴，如果中国不加入多边对话协商，那么在向这些国家出口知识产品时很可能会因为知识产权问题受到阻碍，或遭到不公平待遇，甚至可能被拒之门外。但毕竟发达国家之间已经形成了本国利益优先的政策共识，这些政策无疑将干扰到当前世界各国利益的相对平衡，同时也将对中国的对外贸易产生消极影响。

尽管多边协商遭遇逆全球化，但积极融入全球贸易市场的需要以及知识产权强国战略的实施，要求中国必须积极融入并适应全球知识产权治理趋势，逃避甚至否定知识产权发达国家掀起的知识产权逆全球化潮流都并不可取。习近平总书记在党的二十大报告中就深刻指出："中国积极参与全球治理体系改革和建设，践行共商共建共享的全球治理观，坚持真正的多边主义，推进国际关系民主化，推动全球治理朝着更

① 丛立先：《〈跨太平洋伙伴关系协议〉知识产权谈判对我国的影响及其应对策略》，《国际论坛》2014年第5期。

加公正合理的方向发展。"① 在金砖国家领导人第十五次会晤上，习近平主席再次强调："金砖国家要践行真正的多边主义，维护以联合国为核心的国际体系，支持并加强以世界贸易组织为核心的多边贸易体制。"② 对此，中国应联合广大发展中国家和非政府组织，将区域和双边知识产权政策协商拉回至多边谈判框架之内，力求在多边政策协商过程中达成一定共识，缓冲或者减少区域或双边政策带来的负面影响，努力维护南北知识产权利益的平衡。此外，还可以利用多哈回合谈判的战果③，影响联合国人权组织、世界卫生组织等国际组织，呼吁人权高于知识产权的理念，遏制以美国为代表的知识产权强保护政策。WTO 和 WIPO 作为既有的多边谈判框架，中国应利用好 WTO 和 WIPO 较为成熟的谈判机制，尝试转变较为被动的国际立场与国际关系，提高多边对话的主动性。例如近年来，美国给我国的产业发展机会等方面带来了较大不利。④ 但美国的知识产权强保护政策本身就存在不合理之处，甚至涉嫌违反《TRIPS 协定》。⑤ 早在 2000 年欧共体就要求与美国磋商，但其后

① 习近平：《高举中国特色社会主义伟大旗帜　为全面建设社会主义现代化国家而团结奋斗——在中国共产党第二十次全国代表大会上的报告》，中国政府网，http://www.gov.cn/xinwen/2022-10/25/content_5721685.htm，2023 年 8 月 25 日。

② 习近平：《团结协作谋发展　勇于担当促和平》，中国政府网，https://www.gov.cn/yaowen/liebiao/202308/content_6899768.htm，2023 年 8 月 25 日。

③ 刘雪凤、高兴、刘鹏：《〈跨太平洋伙伴关系协定〉（TPP）知识产权条款对中国的影响及其对策研究》，《中国科技论坛》2014 年第 2 期。

④ 参见商务部产业损害调查局：《上半年美国 337 调查情况分析》，《国际商报》2010 年 8 月 30 日。

⑤ 参见朱国华、陈元芳：《美国关税法 337 条款与 TRIPs 协议的相悖性探析》，《暨南学报（哲学社会科学版）》2020 年第 2 期。

并未继续，不过欧洲公司现如今并不再是此类调查的主要对象，该调查的主要对象已经重点聚焦以中国公司为代表的亚洲地区的公司。对此，中国应当实施更为积极主动的策略，并采取相应的防御措施。例如中国和印度此前对部分国家另立知识产权政治论坛的做法表示批评，接下来还应当联合更多发展中国家，为中国等发展中国家在全球知识产权政治舞台上拓展更大的空间。

二、采取差异化的知识产权区域政策

区域知识产权伙伴具有差异化知识产权发展目标和立场，因此中国在区域知识产权政策上要兼顾不同国家的需求，根据不同区域伙伴关系制定区域知识产权政策。

首先要加快完善"一带一路"知识产权政策支持体系。"一带一路"是重要的国际合作平台，习近平主席在第三次"一带一路"建设座谈会上强调"要深化政治互信，发挥政策沟通的引领和催化作用，探索建立更多合作对接机制，推动把政治共识转化为具体行动、把理念认同转化为务实成果。"① 为完善"一带一路"知识产权政策支持体系，一是要以政府为导向，制定"一带一路"知识产权合作中的科技、投资、金融等方面的促进和支持政策，大力推进中国知识产权政策的输出。目前，虽然中国商务部门在"一带一路"国际合作政策方面做了大量工作，但总体上面向"一带一路"技术合作的信息情报管理网络仍有待完善，需要

---

① 《习近平出席第三次"一带一路"建设座谈会并发表重要讲话》，中国政府网，https://www.gov.cn/xinwen/2021-11/19/content_5652067.htm，2023 年 8 月 25 日。

进一步加强信息服务能力和信息支持力度。二是发挥政府在与"一带一路"沿线国家合作中的主导作用，为中国企业和个人走出国门提供环境优化、信息提供、基础设施完善等方面的配套服务，助力中国企业的知识产权输出。例如，协助并引导相关企业和个人制定相关领域的技术规则和技术标准，同时协助企业完善基础设施，提供信息交流方面的中介服务，有针对性地扶持知识产权企业和关联企业，进而促进中国企业与对方国家相关机构实现良好的融合。

其次要加快融通金砖五国之间的知识产权市场。金砖国家是塑造国际格局的重要力量。巴西、俄罗斯、印度、南非和中国共同作为全球五个主要的新兴市场，存在扩大全球贸易总量与贸易便利化等方面的共同追求。在金砖五国知识产权市场的融通中，一是鼓励推动知识产权互利共荣发展，相互交流各国在遗传资源、传统知识和民间文艺以及互联网环境下的知识产权政策等方面的信息和经验。二是继续加强金砖合作机制建设。[1] 进一步协调金砖国家的知识产权合作，提高各层级的统筹能力和效果。例如在金砖五国范围内做好专利审查员培训，运用好远程工具助力人才培养的便利程度。同时根据合作进展情况适时地完善合作规划，推动落实"中国—金砖国家新时代科创孵化园"建设，拓宽人工智能合作领域。三是宣传知识产权工作成效，提高市场主体的知识产权运用能力，尤其重视提高中小微企业的知识产权运用能力。四是提高公

---

[1]《金砖五局关于加强知识产权合作的联合声明》，《中国知识产权报》2018年3月28日版。

众和知识产权用户的知识产权服务便利化程度，交流知识产权注册和审查能力的经验。五是倡导开放知识产权数据，提高公众对知识产权信息资源的可及度。例如，金砖国家可共同建立相关网站，为用户提供相关信息。

再次要利用好东盟伙伴关系，以中国的协商共建逐步淡化美欧采取的知识产权自由主义和霸权主义。东盟国家是中国睦邻友好、合作共赢的重要伙伴，中国和东盟的合作一直保持强劲势头，走出了一条务实、全面、高效的合作发展之路①，这在构建人类命运共同体过程中发挥了重要作用。接下来，中国在同东盟国家开展知识产权政策协商过程中要秉持如下理念。第一，坚持激励全球各国共同参与创新，制止科技领先型国家利用知识产权实施"寻租"行径，落实发展中国家的优势知识产权，提高知识产品的贸易顺畅程度，反对并避免因知识产权分歧造成投资壁垒，实现知识产权的高质量且高效率流转。第二，利用中国同东盟十国在版权、商标、传统民间艺术等领域的优势，并主动发挥中国在文化和传统民间艺术方面的引领作用，调和南北利益分歧。第三，提升知识产权能力建设，在遗传资源、传统知识和民间文艺保护等领域深化开展务实合作。进一步明确遗传资源、传统知识和民间文学艺术的注册、登记条件和流程，尝试界分传统部分与个人再创新部分。同时在国内开展权利保护期限设置等权利内容安排的试点工作。在知识产权争议解

---

① 《第十三届中国—东盟知识产权局局长会举行》，中国政府网，https://www.gov.cn/xinwen/2022-09/07/content_5708702.htm，2023 年 8 月 25 日。

决上，重视知识产权行政调解的功能，发挥行政调解所具有的便捷、高效、低成本等优势，提高行政调解人员的公信力。第四，可以将中国积累的知识产权 ADR 经验[①] 向东盟各国推广，但应注意优化当事人在调解过程中的自治空间，避免公权力的过度干预。

最后，在区域知识产权政策协商过程中，应与日本、澳大利亚、加拿大等知识产权发达国家持相对缓和的态度，不盲目跟从过于激进的知识产权强保护潮流。日本是 TPP 和 RCEP 成员国，还是牵头制定 CPTPP 的国家，更是 ACTA 的缔约方，近年来不断要求提高知识产权的保护强度。澳大利亚和加拿大的创新指数虽然在 WIPO 发布的《2022年全球创新指数报告》中位居中国和日本之后，但近年来也致力于提升知识产权保护标准，两国不仅都是 CPTPP 的成员国，而且澳大利亚还加入了 RCEP。我国在与以上三个国家为代表的国家协商区域政策时，既要采取积极保护知识产权的态度，又要秉持缓步提升知识产权保护标准的策略。具体而言，一要抓住经济发展是第一要义的规律，通过提升经济实力扩大国际影响力，掌握政策协商中的话语权。[②] 需要注意的是，经济发展水平对知识产权政策的覆盖面和输出效果具有基底作用，尤其在与知识产权发达国家的交往中，国内市场发展状况在很大程度上影响着政策协商与谈判的效果，因此中国需要在经济上追求领先地位，提高

[①] 邓文武：《知识产权纠纷行政调解的服务转向和制度供给》，《重庆大学学报（社会科学版）》2017 年第 4 期。

[②] 参见石超：《从 TPP 到 CPTPP：知识产权条款的梳理、分析与启示》，《石河子大学学报（哲学社会科学版）》2019 年第 4 期。

经济硬实力，为知识产权政策输出提供保障。二要站位发展中国家利益立场，从我国基本国情出发，与发达国家共建全球知识产权保护规则。顺应趋势积极应对高标准知识产权国际保护的同时，捍卫国家利益。[①]例如，在国际条约的搁置条款上，既要与缔约国实现国际合作，也要为了本国发展有度有量，在有必要的情况下搁置对本国发展不利的条款。三要进一步落实与发达国家达成的政策磋商共识，坚持开放共赢理念指导下的国际合作。从共商执法政策到共商司法政策，并适时共商立法政策，并在共商政策的过程中传播更多中国的知识产权理念。[②]

三、在双边政治关系中采取谨慎态度和主动策略

如何在双边知识产权政治交往中妥善处理与美国的政治关系，是中国应当重点关注的问题之一。美国深刻影响着知识产权全球化的进程，其知识产权政策也实质上影响了约 30 年来中国的知识产权建设。虽然自 20 世纪 90 年代以来，中国知识产权保护水平不断提高，且在加入WTO 后有实质性跃升，但美国仍在政治舞台上表示不满，并持续对中国进行文化输出，甚至对中国的知识产权发展采取敌视心理和阻碍行径。例如从 2012 年开始，美国就决定禁止其国内企业使用华为产品。在 2019 年 5 月，美国商务部还将华为公司及其 68 家附属关联公司列入了工业和安全局的"实体清单"中，这导致华为公司不能使用来自美国

---

① 参见李洁琼：《国际知识产权制度的当今发展及其对我国的影响》，《知识产权》2016 年第 12 期。

② 参见徐红菊：《知识产权国际秩序构建的中国理念与路径》，《宏观经济研究》2017 年第 4 期。

的硬件、软件与技术。在这一对抗环境下，中国应清醒地认识到与美国的知识产权冲突不可避免，中国需要做好中美知识产权政治长期博弈的准备。一方面，伴随着美国的持续调查和监视，中国应持续打击商标假冒和盗版等行为，净化国内知识产权市场的同时维护国际知识产权贸易秩序。但另一方面，对于美国以保护知识产权为口实对我国进行贸易制裁，但实际上采取贸易保护主义的行径，我国也要运用好各种国际政治博弈平台，坚持中国知识产权制度建设的内在需求。[①] 秉持互利共赢的宗旨，联合具有共同利益的国家开展平等交流与合作。

除了在与以美国为代表的主权国家的政治交往中应采取谨慎态度外，中国还需要谨慎处理源自欧美发达国家和地区的国际非政府组织的关系。源自发达国家和地区的国际非政府组织拥有巨大的活动资源和能量，在欧美和世界范围内具有较大影响力，例如，来自美国的电子前沿基金会（EFF）和知识生态国际（KEI），来自欧洲的自由信息框架基金会（FFII）、无国界医生（MSF）、乐施会（Oxfam）与绿色和平组织等。对于美国等发达国家步步紧逼的知识产权强保护要求，一般发展中国家（或最不发达国家）可以选择与它们通过适当方式（包括学术界、媒体或本土非政府组织合作），从而为本国发展争取更大的国际政策空间。[②] 然而，中国应当对与国际非政府组织的合作或协作持谨慎态度，不能因

---

① 参见刘银良：《国际知识产权政治问题研究》，知识产权出版社 2014 年版，第 303 页。

② P.K. Yu, "ACTA and Its Complex Politics", *The WIPO Journal*, Vol.3, No.1, Nov. 2011.

一时全球知识产权政治所需，而为日后发展埋下隐患。因为中国位列发展中国家较有潜力的阵营，而欧美的非政府组织在较大程度上抵触现代社会制度，甚至环保非政府组织还反对科技发展策略。所以中国在这些领域应当更为审慎，不能盲目跟从进而耽误甚至放弃了经济发展和产业发展的机会。

在采取谨慎态度的同时，中国也应当配合运用主动策略，以攻为守。例如，在传统知识、民间文学艺术表达、遗传资源等相关议题上，可在政治论坛等交往中同时援引国际知识产权公约和 CBD 等其他国际法文件，要求对方给予合理保护。通过谨慎策略与主动策略的相互配合，或更有助于积累在全球知识产权政治论坛中的声誉，赢得他国的尊重。① 反过来，如果一味接受和退避，极有可能越发放纵别国的霸权行径，不利于获得更多国家的支持，阻碍中国知识产权利益和知识产权发展目标的实现。

第二节　完善全球知识产权治理的涉外政策体系

知识产权涉外政策是站在我国立场上制定具有涉外因素的政策。利用全球知识产权保护规则中存在的弹性与空间，以发展现状和政策环境为基础，以维护我国现实利益为导向，是中国知识产权涉外政策的合理选择。具体包括基于产业发展的涉外政策、基于公共利益的涉外政策以

---

① 参见刘银良：《国际知识产权政治问题研究》，知识产权出版社 2014 年版，第 304—306 页。

及基于自身优势的涉外政策。

一、基于产业发展的涉外政策

产业发展是一国涉外政策的目标追求,知识产权与国家经济发展的紧密联系为其赋予了当然的产业政策性。例如专利的产生就与技术转让和新工业的建立息息相关。在工业经济时代,知识产权是资产者取得财产的新方式。英国第一部《垄断法规》就是在重商主义的政策影响下诞生,为了实现技术进步和产业发展的政治目标,赋予了创造者一定时期的垄断权。同样地,世界上第一部版权法《安娜法》的诞生也受到商业政策的影响,目的之一是推动印刷特权转化为资本主义的财产权。在知识经济时代,知识产权政策是智力成果创造者获取知识财产的正当途径,美国就是运用知识产权政策调控商业形势,进而获取市场利益的典型代表国。美国为了扭转文化产品的贸易逆差,一方面保护国内私人的知识产权,但另一方面不保护外国人的作品。20世纪以后,美国的知识产权政策致力于服务市场经济,又将计算机软件等内容纳入了版权保护范围。

在专利产业的涉外政策上,要将专利作为促进技术和经济进步的政策手段。首先,不仅要利用专利政策刺激发明人从事发明创造的积极性,更重要的是鼓励跨国企业在技术开发和实施发明方面踊跃投资,通过鼓励有限度的垄断来激励创新,从而推动社会的技术和经济进步。其次,扩大技术在全球范围内的传播效率,通过专利政策激励各国发明人公开技术,为涉外专利产业的发展添砖加瓦。最后,还要借鉴西方知识产权的发展经验，暂时排除可能阻碍我国国计民生领域发展的专利权，防止其他国家抢占我国的先发优势，并根据我国相关领域的技术发展水平适时作出调整。

在版权产业的涉外政策上，要将与作品相关的规定作为促进我国文化发展与繁荣的政策载体，同时在涉外交往过程中，避免受他国版权文化影响，而对意识形态产生波动。首先，降低版权许可交易成本和版权涉讼风险。其次，维护有商业价值的形象，适当延长商业价值较高的作品的保护期。例如美国多次通过颁布法案延长米老鼠形象，为公司的运营赢得了胜利。① 同时还可以通过商标和专利为商业形象提供更多保护路径。最后，顺应技术发展趋势，适当考虑对数据库、生成式 AI 生成内容等内容的版权保护，以期实现对信息产业发展的促进。

在与商标相关的产业涉外政策上，应坚持在引导中支持、在包容中监管的政策。与商标相关的产业同专利产业和版权产业具有相辅相成的关系。一方面，与商标相关的产业本身就是科技创新的重要体现。另一方面，科技创新还能推动与商标相关产业的创新发展。尤其在数字经济时代，商标产业创新性相较于农业和工业经济更具颠覆性和普遍性，不过也伴随着资源配置失衡、冲击传统经济等问题。对此，首先应把握与商标相关产业的发展规律，实现政府引领和市场决定双轨制的齐头并进。出台相关政策引导有关单位避免冲动投资和重复建设，逐步克制商

---

① 参见张平：《论知识产权制度的"产业政策原则"》，《北京大学学报（哲学社会科学版）》2012 年第 3 期。

标的大量模仿行为。其次，包容与商标有关的商业创新，尤其要支持商业竞争中的创新行为，但同时也要加强监管，避免商业模式的过度投入。最后，及时预判商业创新中可能存在的经济风险和社会隐患，适时出台相关政策来解决商业创新中存在的问题。

二、基于公共利益的涉外政策

知识产权政策的价值不仅在于对产业方面的激励，更在于对公共利益的维护，尤其在世界互联互通的大背景下，一国政策对其他国家的公共利益可能产生波动作用。因此在知识产权政策的制定上，在考量产业利益和自身优势利益的同时，还应当实现维护公共利益的价值目标，从而达到知识产权政策的三重价值平衡，并以有效的知识产权政策适用，促进人类知识与文明的进步。

知识产权领域公共利益主要存在于三个方面。第一是以基本人权为载体的公共利益。版权领域相关的涉外公共利益与各国公民接触知识和受教育密切关联。版权保护越强，则公众对作品接触的机会越少。但是，个人发展和公民素质与知识接触程度密切相关。保护力度过强的版权政策不仅阻碍人口素质的提升，还可能延续各国的贫困惯性。专利更与公民健康和生存息息相关，过强的专利政策阻碍公民获得药品，直接影响个人乃至一国公民的整体健康状况。第二是以全球形势为结果导向的公共利益。知识在全球范围内的传播效果和运用效果影响到全球的健康与教育状况，国际社会的正常发展也依赖于知识产权的涌现和可持续创新。与此同时，全球范围内各地区是否能够实现平衡发展，也受制于地区和群体性的知识产权制度建设情况，并影响到人类的进步水平。第三是以激励创新作为重要路径的公共利益。知识产权政策不仅涉及经济利益，还是促进人们参与社会交往的重要因素。它对科技文化的进步作出了巨大贡献，并为经济发展和经济秩序提供了规范。当没有知识产权保护时，人们可能不愿公开自己的创新，知识交流也不会顺畅。而知识产权政策确保了人们在公开知识创新和交流中的身份识别，促进了人与人之间的交流和学习。

　　然而，全球范围内知识产品广泛流通带来的公共领域互联互通，对涉外知识产权政策提出了持续性挑战。不同国家对知识产权利益的需求对公共利益的认定和维护提出了新要求。过去，知识产权利益按发达国家和发展中国家划分的模式相对稳定，相关的公共利益也较为明确，国际知识产权规则自然也偏向于发达国家的意愿。不过近年来，以发达国家为主导的主要国际知识产权公约已经开始出现变化，越来越难以满足全社会可持续创新发展的需要。所以，应该纠正不加区分的知识产权强保护政策，并推动不同地区和不同发展阶段人权对知识需求的实现。[①]在涉外层面上，过强的知识产权保护政策实际上严重侵蚀了知识产权的公共利益。因此，未来需要认真反思霸权行径，扭转发达国家过去一贯秉持的霸权主义站位，在涉外活动中积极开展协商，并构建友好的知识产权规则。

[①]　参见冯晓青：《知识产权法的价值构造：知识产权法利益平衡机制研究》，《中国法学》2007 年第 1 期。

从客观事实来看，基于公共利益的涉外政策制定，应以实现人的基本权利和共同发展作为共同的标准①，在国际局势多极化的发展过程中，注意利用好双边协商方式提升知识产权保护标准。此外，尽管某些发达国家在未来可能脱离 WTO 等类似的国际组织，并寻求其他相关联盟团体，但是作为世界上最大的发展中国家，中国仍应积极在多边层面寻求友好协商机会，充分表达符合中国发展需求和发展中国家角色定位的公共利益诉求。② 扮演传递发展中国家公共利益观的负责任大国角色，实现知识需求并推动知识产权政策与公共利益理念的结合，以确保中国各类主体在与国外相关主体进行知识产权经贸往来时能够获得充分的利益表达和支持。

三、基于自身优势的涉外政策

在涉外政策的制定中发挥自身知识产权优势，有利于提升知识产权涉外竞争实力，同时也有利于营造良好的涉外营商环境。当前，地理标志、中药复方、遗传资源都有可能成为中国的优势知识产权。

地理标志保护并不仅仅是知识产权或消费者保护问题，而且更主要是一个经济问题，关系到名优产品的国际贸易。《知识产权强国建设纲要（2021—2035 年）》中特别提到要健全专门保护与商标保护相互协调的统一地理标志保护制度。③ 当前世界各国基于本国地理标志发

---

① 参见 M.F. Sean, "The Washington Declaration on Intellectual Property and the Public Interest", *American University International Law Review*, Vol.28, No.1, Dec. 2012.

② 冯晓青：《知识产权的公共利益价值取向研究》，《学海》2019 年第 1 期。

③ 《知识产权强国建设纲要（2021—2035 年）》，中国政府网，https://www.gov.cn/zhengce/2021-09/22/content_5638714.htm，2023 年 8 月 25 日。

展现状采取了不同的保护策略。为了提高中国在地理标志涉外贸易的顺畅度，首先要利用好国内大市场。对内增强地理标志保护意识，从产量优先转化为质量优先。① 在完善农产品产业链基础上，扩展地理标志农产品附加值，保护国内地理标志产品产区的文化生态特色，维持旅游资源的吸引力，形成产业、品牌集聚效应，提升国际竞争力水平。其次要利用好与国际高标准对接的契机，准确把握欧美地理标志的矛盾和差异。一方面，借中欧签署协定契机，进一步扩大中欧投资的深度和广度，并启动自贸区可行性研究，加深中欧经贸伙伴关系，"拉住、稳住"欧洲并对美国形成触动，在国际经贸问题上争取主动。另一方面，在对美经贸问题上发挥好中国市场优势，针对美国诉求施加影响，做好利益置换，争取谈判先机，赢得在贸易谈判中的主动地位。

中药复方是人体疾病诊疗的重要方法，也是中国传统文化的瑰宝。然而，近年来，其他国家在中药复方基础上开发新药的案例屡见不鲜，反过来制约了我国中医药产业的发展。为进一步加强中药复方的知识产权保护，近年来，中国出台了相关政策文件，《知识产权强国建设纲要（2021—2035 年）》提出要推动中医药传统知识保护与现代知识产权制度有效衔接，进一步完善中医药知识产权综合保护体系，建立中医药专

---

① G. Eva, "Geographical Indicators: A Unique European Perspective on Intellectual Property", *Hastings International and Comparative Law Review*, Vol.29, No.1, Fall, 2005.

利特别审查和保护机制，促进中医药传承创新发展。①《"十四五"国家知识产权保护和运用规划》也规定，完善中医药领域发明专利审查和保护机制。这为中国构建起中药复方发明专利特别审查机制提出了新的要求。然而当前，来源于西药保护的药品专利审查制度难以适应中药复方本身的特点，无法满足保护中药复方的需要，集中体现在较多中药复方无法满足药品专利授权所应当具备的新颖性和创造性要求。一方面，中药复方的专利审查与现行的新颖性判断标准存在差异。目前，大部分中药复方的成分已被公开，这导致中药复方中几乎所有成分都属于现有技术而不满足新颖性的要求。另一方面，中药复方的专利审查与既有的创造性标准难以契合。对此，应当坚持中药复方特色，对专利制度进行适配性修改。首先，中医药专利新颖性的判断不能仅依据是否使用公开，而应当审查中医药专利的组分配比本身。例如，某公开出版的书籍记载了用于治疗感冒的中药复方成分，但记载的内容仅包括药味的组成，而未记载各组分的用量或者特殊的配置方法，该领域的技术人员根据这一记载无法将该复方实际应用于感冒治疗，那么只要申请的专利明确说明了复方组分的用量或者配制方法，并具有临床适用性，则专利申请仍然具有新颖性。另外，中药复方审查应建立创造性标准的整体观。在审查中医药专利的创造性时，要在既有规则的基础上，根据中医药理论进行相对修改或解释，并结合中医药传统文化本身的整体观特点来设置自身

---

① 《知识产权强国建设纲要（2021—2035 年）》，中国政府网，https://www.gov.cn/zhengce/2021-09/22/content_5638714.htm，2023 年 8 月 25 日。

的创造性认定标准。具体来说，只要新中药复方对现有中药复方专利的药味、药量、炮制方法、给药途径、生产工艺和方法、组合物、混合物、药用部分、复方组合、中药产地、煎药方法、煎药时间、服药方法、饮食禁忌等任何方面作出改进和完善，且能够在提高疗效、适应新的病症、适用同一病症的不同类型、减少毒副作用等任何方面有所突破，就应当认可新中药复方对于中药领域的普通技术人员而言具有非显而易见性。

随着生物技术改革的推进，全球社会越来越关注遗传资源的实用价值。然而，在国际层面将遗传资源纳入现行知识产权制度存在许多困难。尤其是在遗传资源使用国（主要是发达国家）与遗传资源富国（主要是发展中国家）之间，存在着利益冲突，这给遗传资源知识产权保护的落地和实施带来了不小的障碍。因此，首先需要发挥知识产权涉外政策的先行先试作用，加强区域间的合作和交流。特别是在现行专利制度中关于遗传资源来源地披露的规定方面，可以探索采用"事先知情同意"[1]和"来源地披露"相结合的模式。[2]其次，可以借鉴国外的遗传资源知识产权防御性保护措施，积极收集前期遗传资源相关信息，最大限度地确保我国遗传资源的可保护性和专有性。[3]例如建立遗传资源数据

[1] 陈一孚：《香港标准专利制度评价及其改革的可行性》，《法学杂志》2015年第10期。

[2] 赵国艺、王璐、安伟伟、闫论、车志强：《战略性微生物资源知识产权现状研究及发展对策》，《生物资源》2019年第1期。

[3] 参见南美花：《知识产权视角下的遗传资源保护政策分析》，《中央民族大学学报（自然科学版）》2019年第4期。

库，记录遗传资源的相关基本信息等。最后，还可以充分利用数字信息化优势和大数据政策，为国际条约的执行提供科学支撑。

第三节　制定全球知识产权治理的国内政策体系

《TRIPS 协定》并非具有强制统一效力的约束性文件，成员国在国内法范围内可以利用 TRIPS 的弹性来满足政治、社会、经济和其他政策目标。中国应利用《TRIPS 协定》的模糊地带所提供的解释空间，在国内政策的制定和实施中，最大化地主张自己的利益并抵制知识产权滥用，使《TRIPS 协定》所承认的"各国知识产权保护制度的基本公共政策目标（包括发展目标和技术目标）"[1] 得以在《TRIPS 协定》下实现。

一、中国知识产权政策选择的基础要素

中国在选择知识产权政策时，应以现实发展状况和整体知识产权政策环境为依据。知识产权制度作为社会政策工具[2]，涉及知识产权的保护范围、知识产权的保护对象以及保护手段等，是一个国家根据实际发展状况和未来需求作出的制度选择和安排。[3]

首先，国家知识产权政策的制定应以合理评估我国产业、技术、文

---

[1]　TRIPS Agreement，Preamble.

[2]　参见刘华：《知识产权制度的理性与绩效分析》，中国社会科学出版社 2004 年版，第 46 页。

[3]　参见吴汉东：《政府公共政策与知识产权制度》，《光明日报》2006 年 10 月 10 日，https://www.gmw.cn/01gmrb/2006-10/10/content_489874.htm，2023 年 8 月 3 日。

化等国内发展状况和政策环境为前提，将国家的知识产权制度与国家社会经济利益发展需求和整体制度环境相关联。中国知识产权产业近年来发展迅猛，2021年专利密集型产业增加值达到14.3万亿元，同比增长17.9%，占国内生产总值比重达到12.44%；版权产业增加值达到8.48万亿元，同比增长12.9%，占国内生产总值比重达到7.41%；2022年专利商标质押融资总额达4868.8亿元，同比增长57.1%；著作权质押担保金额达54.5亿元，同比增长25.9%；知识产权使用费进出口总额达3872.5亿元，同比增长2.4%，其中出口额同比增长17%；共签订涉及知识产权的技术合同24.1万项，成交额1.8万亿元；发行知识产权资产证券化产品33只，发行规模62亿元；地理标志专用标志使用市场主体超2.3万家，产品年直接产值超7000亿元。在技术创新能力上，中国在世界知识产权组织发布的《2022年全球创新指数报告》中排名提升至全球第11位。2022年全年授权发明专利79.8万件，中国申请人通过《专利合作条约》（PCT）途径提交国际专利申请7.0万件，通过《工业品外观设计国际注册海牙协定》提交外观设计申请2558项；核准注册商标617.7万件；新认定地理标志保护产品5个，新核准地理标志作为集体商标、证明商标注册514件；作品、计算机软件著作权登记量分别达451.7万件、183.5万件；授予植物新品种权4026件；集成电路布图设计发证9106件。① 在文化战略上，党的十八大以来，习近平总书

---

① 《国务院新闻办发布会介绍2022年中国知识产权发展状况》，中国政府网，https://www.gov.cn/lianbo/2023-04/24/content_5753009.htm，2023年8月25日。

记深刻把握世界文化多样性及深入发展的大趋势，以及中国特色社会主义文化强国建设实践面临的新形势新要求，紧紧围绕坚持和发展中国特色社会主义，实现中华民族伟大复兴的中国梦，深刻阐述了坚定文化自信、增强文化自觉、奋力开创中国特色社会主义文化建设新局面的重大意义。[1]党的二十大报告进一步强调，要培育创新文化，弘扬社会主义法治精神，传承中华优秀传统法律文化，坚持中国特色社会主义文化发展道路，增强文化自信，建设社会主义文化强国，激发全民族文化创新创造活力，不断提升国家文化软实力和中华文化影响力。深化文化体制改革，完善文化经济政策。推进文化和旅游深度融合发展。[2]在这一背景下，中国要进一步加强打击盗版和假冒等侵权行为力度，维护市场经济的正常秩序。防范滥用知识产权的行为，维系个人私益与社会公益之间的平衡。[3]企业、行业和产业的知识产权政策制定者应在国家总体政策目标的指导下，评估其发展现状和特点，通过制定科学合理的政策实现知识产权制度与其他制度的协调发展，运用知识产权制度更好地促进科学和艺术的进步。[4]

其次，以国际知识产权保护状况作为选择合理的国内知识产权政策

---

[1] 参见赵志彬：《中国知识产权文化的发展与展望》，《知识产权》2019 年第 8 期。

[2] 习近平：《高举中国特色社会主义伟大旗帜　为全面建设社会主义现代化国家而团结奋斗——在中国共产党第二十次全国代表大会上的报告》，中国政府网，http://www.gov.cn/xinwen/2022-10/25/content_5721685.htm，2023 年 8 月 25 日。

[3] 参见吴汉东：《知识产权本质的多维解读》，《中国法学》2006 年第 5 期。

[4] 参见 B.Z. Khan, "Property Rights and Patent Litigation in Early Nineteenth—Century America", *Journal of Economic History*, Vol.55, No.1, Mar. 1995。

的外部环境依据。当前，国际知识产权保护状况具有三大特点。第一是重在维护私权保护与社会公共利益的平衡。不仅《TRIPS协定》明确体现了知识产权从权利保护转向社会公益的平衡，而且世界上发达国家和经济体抗议签署ACTA等官方和民间活动也表明了知识产权从私权保护转向了社会公益的平衡。第二是提高知识产权保护标准。美国和欧盟等国家和地区从多边场所转向区域和双边场所，推动签订更高标准的知识产权保护规则，在某些条款上已经超出了《TRIPS协定》的保护标准。例如RCEP在著作权及邻接权、地理标志、其他知识产权及其知识产权的施行层面均有超出《TRIPS协定》的相关内容。[①] 中国已经递交了交流文件的CPTPP也有部分知识产权保护标准高于《TRIPS协定》，例如CPTPP将声音、气味商标等非传统商标类型纳入知识产权保护客体，明确了地理标志应尊重在先商标的规则。[②] 还将版权的保护期从50年延长到70年。此外，在执法和民事救济等方面也规定了相较于《TRIPS协定》更严格的标准。第三是从多边合作转向通过区域和双边"小圈子"达成共识。过去，WTO和WIPO是各国进行知识产权保护对话协商的多边舞台，但近年来部分知识产权发达国家和地区另起炉灶，推动达成了RCEP、CPTPP等区域协定和部分FTA，其中包含了大量与知识产权相关的条款。发达国家甚至利用其优势地位在双边和区域

---

① 参见张乃根：《与时俱进的RCEP知识产权条款及其比较》，《武大国际法评论》2021年第2期。

② 参见郝洁：《对接CPTPP规则精准微调知识产权法规》，《经济日报》2021年3月25日第12版。

协定的谈判中实现在多边贸易谈判中不能实现的要价。[①] 但是，双边和区域协定往往导致知识产权标准从发达国家移植到欠发达国家，且并未考虑发展中国家的需求、技术、利益和能力等因素。[②] 在这一国际知识产权保护的状况下，我国的知识产权保护应当遵循《TRIPS 协定》规定的最低标准，而不是追随西方发达国家的高标准。在遵守国际公约的前提下，综合考虑国内外政治、经济、文化、社会环境等因素，了解、选择、运用《TRIPS 协定》的弹性条款，使之成为符合国家社会经济利益发展需求的工具，实现知识产权全球化与本土化之间的协调。不过在个别知识产权的类型上，应当作出差异化安排，不绝对秉持低保护标准。例如在地理标志的保护政策上，《TRIPS 协定》仅要求成员国履行较低保护义务。但地理标志作为我国的长项和强项，对地理标志保护的政策选择应当总体上持强保护态度，并以地理标志产品、农产品地理标志、地理标志集体商标和地理标志证明商标的数量和保护状况等为基础，综合考量欧盟和美国等贸易伙伴的地理标志保护政策和水平，在不同时期针对不同贸易伙伴作出差别化的政策安排。

二、中国知识产权政策选择的导向要素

国家现实利益是中国知识产权政策选择的导向因素，将知识产权保护纳入国家现实利益的范畴，有利于发挥知识产权政策在国家政治、经

[①] 参见廖丽：《国际知识产权新趋势——TRIPs-Plus 知识产权执法研究》，中国社会科学出版社 2015 年版，第 120 页。

[②] 参见廖丽：《国际知识产权制度的发展趋势及中国因应——基于博弈论的视角》，《法学评论》2023 年第 2 期。

济和社会发展中的重要作用。发展中国家的政策经验表明，应以知识产权权利人的利益为基础，以本国发展利益为核心，协同国内知识产权改革进程和其他发展政策，并综合考虑本国产业发展利益、社会公共利益、国家自身优势利益以及与其他国家的共同发展利益。

　　首先，知识产权政策的制定应致力于实现国家产业利益的最大化。国家产业利益能够为本国产业发展创造有利的竞争环境和发展潜力，知识产权制度作为近代科学技术与商品经济发展的产物，是国家经济发展的工具，也具有强烈的产业政策性。中国政府应通过提供人力资源培训和研发投入提高产业部门竞争力，并主动扶持知识密集型产业发展，培育制造业、服务业和各种新兴产业的比较优势，缩短产业结构演进过程，以实现经济赶超目标。建立起服务于国家文化产业政策导向下的鼓励创作和作品交易的版权政策，在不同时期通过对版权保护对象、保护条件、限制条件等政策的调整，提升版权产业国际竞争的比较优势。建立起鼓励创新并将创新成果最大程度独占化的专利政策，发挥专利促进创新的作用，避免特定情形下阻碍创新的情况发生，特别是防止信息技术和生物技术领域中近年来过度膨胀的专利申请对国家发展造成负面影响。建立起保护凝结于商标中的无形价值和保护消费者的商标政策，既要严厉打击假冒伪劣又要促进贸易顺畅，防止因过度保护商标而阻碍竞争模式创新。建立起维护竞争秩序的市场政策，尤其对于包括中国在内的广大发展中国家应该更加重视加强竞争政策，并建议协助发展中国家的发达国家和国际机构应同时协助这些国家建立适当的竞争法律及执行体系。①

其次，平衡好与知识产权相关主体之间的利益关系，实现社会公共利益与个体利益的辩证统一。当前，发达国家与发展中国家、私人产品与公共产品、专有领域与公共领域、垄断与竞争等矛盾冲突愈演愈烈，引发了严重的利益失衡问题。中国知识产权政策的制定要在考量本国知识产权发展现状的基础上，以公平和发展为核心目标，确定知识产权的保护水平，既要保护知识产权，又要根据社会发展水平满足社会公众对智慧信息的需要、在合理范围内降低公众自由获取信息的负担、降低知识共享门槛、促进信息资源共享②，尤其是在当前阶段，当知识产权保护与限制发生冲突时，应当适度向公共利益倾斜，维持整个社会的持续创新能力。积极参与国际协作，通过与他国联合，反映和表达发展中国家的意愿，运用合理与适当的法律对策对付西方跨国公司不当利用知识产权而对我国进行的市场和技术垄断行为。同时，应尤其注意在政策制定中发挥本国优势，防止因过分保护发达国家的知识产权而给本国的科技进步和经济发展造成严重阻碍。

再次，发挥自身优势利益，运用知识产权实现富民强国。人口优势是我国一项重要的比较优势。我国应充分发挥人力资源的作用，激励全社会公民在工业、农业、服务业等方面积极创造、创作和创新，掌握和

① 参见张平：《论知识产权制度的"产业政策原则"》，《北京大学学报（哲学社会科学版）》2012 年第 3 期。

② 参见李昌凤：《知识产权保护的平衡机制及其建构》，《理论学刊》2005 年第 9 期。

拥有自己的知识产权，并通过许可、应用等科学合理的运用方式，获得精神和物质方面的收益与回报。但同时还应立足长远，持续增进人口资源的比较优势。知识产权、发展改革、科技、教育、商务、人事、财政等有关部门，应围绕知识产权的创造、管理、保护、运营等方面出台相关政策，加大对自主创新和知识产权事业的政策和资金投入，培育适应国际市场竞争需要的知识产权人才，并发挥人力资源的作用，不断提高人才创新能力和社会整体创新水平，为中国建设成为知识产权强国提供坚实的人力基础。在参与世界竞争的过程中，知识产权已经成为了发达国家和跨国公司的竞争工具，并企图运用知识产权垄断竞争优势并阻碍竞争对手。对此，中国应主动研究国外的科技、经济等发展水平。既要找准比较优势，发挥中国知识产权的长项和强项，加快知识产业、高新技术产业和文化旅游产业的发展；又要取长补短，通过改革知识产权管理体制，完善知识产品市场机制，激励知识产权保护创新等方式提升自主创新能力，优化配置人才、知识、资本和其他各类知识资源，加快构造适应国际市场竞争的新制度、新机制、新文化。①

最后，维护共同发展利益，努力营造互利共赢、公平竞争的国际环境。现有的全球知识产权体系对于发达国家更为有利，而发展中国家的利益在一定程度上受到了影响。因此，中国应致力于实现发达国家和发展中国家利益的平衡，推动全球知识产权治理体系朝着互利共赢的方向

---

① 参见郭民生：《"知识产权优势"理论探析》，《学术论坛》2006 年第 2 期。

发展。发展中国家可以利用数量优势，倡导各国从重商主义的知识产权政策向以平等主义为核心的方向转变，以有利于社会及经济福利的方式促进技术知识的生产者与使用者互利，并促进权利与义务的平衡。推动遗传资源、传统知识保护，将技术援助纳入政策协商的重要议题，进而促进世界财富的公平分配、稀缺资源的全球共享。[①] 需要注意的是，由于各领域和各层面有自己的核心利益追求，为防止各类政策相互孤立或冲突进而导致效果上产生矛盾和偏差，知识产权政策的制定不仅要着眼于国家发展的利益目标，而且要与其他相关利益协同配合。例如，在与产业相关的知识产权政策制定上，既要实现产业创新和促进产业发展，而且不能与社会公共利益产生冲突，更不能违反知识产权全球化的发展目标。因此，牢牢把握产业发展利益目标的同时，必须注意提高与相关政策的协调配合程度。

三、中国知识产权政策选择的工具要素

国内法和相关政策的调整与制定是中国知识产权政策合理选择的工具要素，也就是我国知识产权政策选择的实现工具。

首先，政策相较于法律虽然更具有灵活性，但法律在具体实施上通常比政策的执行力度更强，所以政策的制定与安排应重视法律规则的保障作用。从知识产权制度的组成来看，可以分为法律形态和非法律形态两个部分。所谓法律形态的知识产权制度通常包括法律、行政法规、司

---

① 参见张艳梅：《利益平衡视角下知识产权全球治理的局限与突破》，《东北师大学报（哲学社会科学版）》2015 年第 4 期。

法解释、部门规章等，能够为知识产权的资源配置和财富创造作出制度安排。所谓非法律形态的知识产权制度主要是指法律形态以外的，对知识产权创造、运用、保护和管理进行指导和规制的配套措施。法律形态的知识产权制度更具有稳定性和强制力，而非法律形态的知识产权制度具有与社会现实联系更密切、发挥作用更具有主动性的特点，包括文化教育政策、科学技术政策、产业经济政策、对外贸易政策等。中国的知识产权政策选择应利用两种形态制度的特点与国际条约的弹性相结合，在国际条约规定模糊而弹性空间较大的部分，调整相关国内立法，使具有稳定性和强制性的法律形式成为符合政策选择需要的"硬工具"。[①]例如随着传播技术的发展，使用作品的行为类型层出不穷，而这些行为是否属于《著作权法》意义上的合理使用行为往往会在司法裁判中产生一系列争议。对此，中国最高人民法院首先出台了司法政策，在《关于充分发挥知识产权审判职能作用推动社会主义文化大发展大繁荣和促进经济自主协调发展若干问题的意见》中提出了判断是否构成合理使用的裁判意见。此后，中国《著作权法》又通过修法的方式为上述司法政策的适用提供了便利。进而通过政策与法律相配合的方式，既实现了私权保护，又为社会利益提供了调节工具。

其次，知识产权政策是国家主动干预知识产权事务的重要形式，也是《TRIPS 协定》在中国落地实施的形式之一，但是从推动和保障国家

---

① 参见刘华、周莹:《TRIPS 协议弹性下发展中国家的知识产权政策选择》,《知识产权》2009 年第 2 期。

治理体系与治理现代化的角度来讲，知识产权政策本身不仅是中国政策体系的一个重要内容和范畴，同时又与国内文化教育政策、科学技术政策、产业经济政策以及对外贸易政策等具有非常密切的联系，因此在这些领域的政策制定过程中，还要注重对知识产权的影响。在文化教育政策上，强化版权保护，规范网络转载摘编的版权秩序，健全版权交易系统。加强数字版权保护，促进数字版权和版权业态融合发展。鼓励有条件的机构和单位建设基于区块链技术的版权保护平台。注重传统文化、传统知识等领域的版权保护。加强版权资产管理，完善版权公共服务体系。提高版权保护工作法治化水平，持续监管侵权盗版行为并加大打击力度、开展专项行动。在科学技术政策上，发挥知识产权在科技创新中的导向作用，以产业化为科技创新的基本前提，以获得知识产权为科技创新的重要目标，并努力推动科技创新成果成为国际标准。同时还应当在重大科技项目管理政策上建立健全知识产权审查和保护应急预警机制，并形成一整套有效运行的知识产权保护和监督工作体系。[①] 在产业经济政策上，强化中国在人工智能、集成电路、生物医药等领域的产业协同，同时加快培育量子信息、类脑芯片、第三代半导体等一批未来产业，推动产业集群优化升级。在涉外产业合作上充分发挥中国的资源优势，实现产业集群的资源流动和协同发展，努力将中国打造成为世界级知识产权产业集群。在对外贸易政策上，积极顺应经济全球化的趋势，

---

① 参见刘华、孟奇勋：《知识产权公共政策的模式选择与体系构建》，《中国软科学》2009 年第 7 期。

健全与对外贸易有关的知识产权政策，建立对外贸易知识产权保护调查机制和自由贸易试验区知识产权保护专门机制。① 从重视出口数量到提高出口商品的技术含量，优化出口商品结构，从而优化对外贸易的增长方式，积极扶持具有自主知识产权的商品占领国际市场，实现从贸易大国向贸易强国跨越。②

最后，需要特别指出的是，全球知识产权治理是一项立足于国内、涉外和国际三个场域的工作，在制定国内、涉外和国际知识产权政策的过程中，既要立足中国知识产权发展的实际情况与知识产权发达国家周旋，用足用好《TRIPS 协定》弹性条款为发展中国家提供的解释空间。但同时也要做好解释空间限缩以及知识产权"逆全球化"程度继续加深的准备，借助国际知识产权社会整体环境的优势利好，将中国建设成为全球知识产权强国。同时利用非法律形态政策调整的灵活性、针对性和时效性弥补法律制度的滞后性和保守性，在《TRIPS 协定》弹性空间较小的部分发挥作用，成为符合政策选择需要的"软工具"。③ 因此，在《TRIPS 协定》规定模糊而解释空间较大的部分，应调整相关国内立法，通过具有稳定性和强制性的法律形式为政策的实施提供保障。

---

① 《知识产权强国建设纲要（2021—2035 年）》，中国政府网，https://www.gov.cn/zhengce/2021-09/22/content_5638714.htm，2023 年 8 月 25 日。
② 参见刘华、孟奇勋：《知识产权公共政策的模式选择与体系构建》，《中国软科学》2009 年第 7 期。
③ 参见刘华、周莹：《TRIPs 协议弹性下发展中国家的知识产权政策选择》，《知识产权》2009 年第 2 期。

第三章

共建全球知识产权治理的法治体系

　　法治具有规范保障功能。党的十八大以来，中国知识产权法治建设日益完善。在立法工作上，知识产权被写入《民法典》，《商标法》《专利法》《著作权法》相继修正。与此同时，第一个在中国签署并以中国城市命名的《视听表演北京条约》正式生效，中国还加入了《工业品外观设计国际注册海牙协定》和《关于为盲人、视力障碍者或其他印刷品阅读障碍者获得已出版作品提供便利的马拉喀什条约》，积极履行了国际公约规定的各项义务，推动国际知识产权规则向好发展。在司法工作上，中国在北京、上海等地设立了专门的知识产权法院，近年来逐年发布中国法院十大知识产权案件和 50 件典型知识产权案例，并不断创新知识产权案件互联网审判机制，深入推进智慧法院建设，持续健全司法便民利民机制。在执法工作上，2018 年党和国家机构改革，组建了国家市场监督管理总局，重新组建国家知识产权局，实现了专利、商标、原产地地理标志、集成电路布图设计的集中统一管理，以及专利、商标的综合执法。具体开展了北京 2022 年冬奥会和冬残奥会奥林匹克标志知识产权保护专项行动、打击网络侵权盗版"剑网"专项行动、知识产权代理行业"蓝天"专项整治行动等执法活动，有力提升了全社会知识产权保护意识，并营造了保护知识产权的良好社会环境和氛围。

成熟完备的国内知识产权法治体系是中国参与全球知识产权法治建设的基础。尤其在近年来全球知识产权治理难度日益增大的背景下，中国既要将全球知识产权博弈的重心放在专利权、商标权、著作权等主要领域，又要重视关涉全世界共同利益的公共健康、遗传资源、传统知识等发展议题。

第一节　促进技术创新与移转的全球专利法治体系

全球专利法治体系的建设对于全球技术创新和移转具有极大的推动作用，技术创新和移转更是实施全球专利法治体系的重要目标。为促进技术创新与移转的顺利实施，需要建立以专利为核心的法治保障体系，建构技术与专利相融合的法律运行机制。

一、营造促进技术创新的制度环境

技术创新需要配套良好的制度结构和制度环境。从促进全球技术创新的角度看，促进技术创新的法治保障体系以建立和完善专利法治体系为核心。专利法治体系的完善应以私权保护为前提，以利益平衡为指导原则，一是平衡创新者与传播者、利用者、公众等主体之间的利益关系，二是平衡好公共产品属性与私权保护之间的关系，既不能过度扩大知识成果的可及度，也要避免对技术进步和创新的阻碍。

完善促进技术创新的专利法治体系应从以下方面着手。首先是创新成果的专利保护。充分的法律保护是投资者收回创新投入成本、创新者获得必要收益的必要保障，有助于为技术创新提供强大的动力机制。通过专利法治体系为创新行为提供合理的预期和利益保障，将促使相关主体积极从事技术创新活动，通过获取核心技术和关键技术赢得市场竞争优势。相反，如果保护技术创新成果的专利制度不完善，法律机制运行不畅，如存在立法真空、执法不力、保护水平低等问题，将抑制创新活动的积极性。在专利保护的具体内容上，应着重制定好与创新成果权利归属、利益调整、创新成果使用和侵权制裁等方面的规则。[①] 其次是技术创新成果的转化应用制度。技术创新成果的转化应用是实现技术创新目标的关键。技术创新作为一种经济行为，在一定的制度结构和环境下进行，需要相应的成果转化应用法律制度加以促进。在促进技术创新成果转化应用的专利法治体系建设中，应重视以下问题。一是建立激励转化应用的法律机制，包括优化和完善知识产权制度，如职务发明创造制度。二是建立高效运作的技术创新成果转化机制，例如技术市场制度、技术合同审批制度、专利产业化转化平台制度、专利交易平台建设和专利信息网络平台建设等。三是建立开发新技术产品并使其市场化的风险投资机制，以吸引资金投入创新成果的市场化开发。四是技术创新激励机制与专利评价考核制度。技术创新激励机制是促进技术创新的重要动力，专利评价考核制度为技术创新的成效提供衡量标准，同时也促使企业了解技术创新的现状，并及时进行调整和弥

---

① 参见冯晓青：《技术创新与知识产权战略及其法律保障体系研究》，《知识产权》2012年第2期。

补缺陷的法律机制。① 例如，在企业技术创新成果的确权机制中，将专利考核指标纳入技术创新活动中，以专利的数量和质量作为评估创新活动的重要指标，鼓励企业珍视获得的创新成果，并为技术创新成果的保护提供坚实的法律基础。最后，除了将专利制度作为保障技术创新的手段外，各国还应该建立其他相关制度来促进技术创新资源的配置。其中，投融资法律制度在解决企业技术创新所需资金方面具有重要的作用，国家有必要建立适应技术创新需求的投融资制度，并配套相关的财政、税收、保险制度等。进而为技术创新提供必要的资金支持和风险保障，鼓励企业增加对技术创新的投资，推动技术创新的发展。

二、搭建技术转让与全球贸易的纽带

《TRIPS 协定》将促进技术转让作为主要目标之一②，并在其"过渡性安排"章节中要求发达国家成员鼓励其领土内的企业和组织向最不发达国家成员转让技术，以帮助这些国家建立可行的技术基础。③2001 年的《马拉喀什协议》在"技术转让与开发"的决议中特别提及知识产权保护问题，并要求各方在知识产权政策的应用上避免阻碍技术转让。④

---

① 冯晓青：《技术创新与知识产权战略及其法律保障体系研究》，《知识产权》2012 年第 2 期。

② 参见 TRIPS，Art7。

③ 参见 TRIPS，Art66。

④ Recommendations of the Expert Group on Technology Transfer for enhancing the implementation of the framework for meaningful and effective actions to enhance the implementation of Article 4，paragraph 5，UNFCCC，https://unfccc.int/sites/default/files/resource/docs/2006/sbsta/eng/inf04.pdf，2023 年 8 月 3 日。

在气候问题的技术转让方面,《联合国气候变化控制框架公约》的长期合作行动问题特设工作组于 2009 年会议报告中提及技术转让与知识产权保护之间的关系,强调需要确保国际知识产权权利和义务与《联合国气候变化控制框架公约》的目标相一致。然而,尽管市场机制是有效组织生产和资源配置的方法,但市场经济存在先天性缺陷,如难以限制垄断和约束个人极端自私行为、提供公共产品以及克服生产的无政府状态等问题,也无法实现可持续发展。[1] 因此,纯商业渠道难以真正实现高效的技术转让,即使发展中国家要求在公平有偿的情况下获得技术转让,也并不现实。[2]

解决上述问题的路径主要是利用 WTO 的谈判和交流场所,将技术转让与贸易挂钩,以法律强制力影响技术权利人的利益,同时应通过合理的法律框架增强技术转让的透明度,促进技术的转让和应用。对此,首先要处理好技术转让与《TRIPS 协定》的关系。进一步明确发达国家鼓励技术转让的具体措施并通过规范性制度加以固定,对涉及重要技术的转让可以利用国家紧急状态、公共利益等内容降低转让要求。其次要充分利用《TRIPS 协定》的弹性规定,抵消过高保护水平给发展中国家带来的消极影响,平衡技术转让与合理的知识产权保护制度之间的关系,维护当事人的权益。在具体的立法技术上,可以参照采用《TRIPS

---

[1]　参见蔡守秋、常纪文:《国际环境法学》,法律出版社 2004 年版,第 304 页。

[2]　参见马忠法:《论应对气候变化的国际技术转让法律制度完善》,《法学家》2011年第 4 期。

协定》与其他国际知识产权条约的处理方法，将有关条约规定的技术转让义务纳入 WTO 框架，利用 WTO 的争端解决机制处理国家不履行相关义务的情况，推动各国制定和实施技术转让的法律法规。[①] 倡导各国设立气候变化技术的知识产权共享制度，汇集和共享相关技术，并以可负担得起的价格在公共领域提供这些技术。对于开发成本高但具有公共利益性质的技术，引导政府资金、基金组织基金和企业资金共同开发技术并形成专利池，将其定性为共享技术。最后，设立技术开发和技术转让专门机构，负责技术开发和转让过程中的知识产权服务，协调和解决技术的知识产权问题，促进技术的供应和需求在公共平台上得到计量和应用。

三、促进全球范围内的技术许可

加强国际技术交流与合作，促进本国社会经济发展，是各国开展技术的国际市场化传播活动的根本目的。然而随着科学技术的飞速发展，技术不仅影响着国际竞争的走向，而且成为各国在国际事务中谋求竞争优势的重要工具。特别是西方国家通过专利壁垒的方式控制技术的国际市场化传播渠道，谋求本国在国际市场中的有利地位。所谓专利壁垒是指技术拥有者利用专利制度控制技术的传播。[②] 尽管其有利于保护发明者，促进技术创新与进步，但不利于技术传播和共享，从而阻碍科技的

---

① 参见马忠法：《论应对气候变化的国际技术转让法律制度完善》，《法学家》2011年第 4 期。

② 朱继平：《技术国际市场化传播活动中的专利和技术壁垒》，《科技进步与对策》2002 年第 7 期。

进一步发展。在具体实施方式上，包括了通过专利文献和专有技术的保密措施来控制技术的传播，以及设置专利地雷两种方式。保密措施体现在不论是国内技术传播还是国际技术传播，只要是商业化传播，都会存在技术输出方对技术的保护措施，从而给技术的输入方在实施技术上带来一定难度。专利地雷体现为专利拥有人利用世界各国专利制度的差异，诱使专利意识淡薄的企业构成专利侵权行为。

《巴黎公约》和《TRIPS 协定》针对专利技术转让都有相关规定，明确了专利权人许可他人实施专利的权利，包括转让、继承转让和许可证合同。专利技术转让是指以专利技术为对象进行的许可贸易，主要涉及转让专利技术的使用权。国际上专利技术转让通常有以下五种形式：独占实施许可、排他实施许可、普通实施许可、分许可和交叉许可。[①] 为了协调各成员国的专利制度，保护专利权人的利益和公众利益，知识产权的国际条约还对专利技术转让的例外与限制作出了专门规定，即强制许可。《巴黎公约》规定各成员国有权采取立法措施规定授予强制许可，以防止专利权的滥用，例如不实施。[②] 强制许可不是强迫专利权人许可他人使用专利，也不是指其他人可以随意使用专利，而是指在特定情况下，根据成员国法律允许的使用，包括政府使用或授权第三方使用。[③] 但强制许可的实施也不能与《TRIPS 协定》中的非歧视性规定相冲突。

---

① 刘春田：《知识产权法》，高等教育出版社、北京大学出版社 2000 年版，第 216 页。

② 参见 Paris Convention for the Protection of Industrial Property，Article5（A）2。

③ 参见王火灿：《WTO 与知识产权争端》，上海人民出版社 2001 年版，第 157 页。

《TRIPS 协定》虽然基本继承了这一规定，但在谈判中仍存在争议。

为提高全球范围内技术许可的畅通度，首先应完善由政府主导下的国内促进机制。发达国家政府是承担高新技术国际许可的主要主体。政府在具体工作上，一是要完善国内相关法律，提供技术许可的法律依据。二是要重点创造国内的有利环境，通过技术许可等手段为权利人提供经济回报，既能激励专利权人继续创造，又能保障技术供给方收回研发成本，从而进一步鼓励技术供给方以更合理有效的方式向发展中国家转移技术。当然，除了政府之外，技术供给方是技术的主要来源，在技术许可中的地位举足轻重。政府应引导技术供给方占据市场交易的主要地位，出台相应政策激励本国企业和研发机构参与技术许可，保障全球许可的顺利进行。其次，发展中国家作为技术的主要受让方，发展中国家的政府也要重视本国的技术引进工作，消除技术在跨国交流中可能存在的障碍，营造良好的国内环境。例如在实践中，拥有高价值专利的公司为了实现经济利益最大化，可能采取不正当竞争的手段打压竞争对手，甚至以专利技术保护为借口阻碍同类技术的研发，或者采取附条件的技术转让。如此一来虽然能够使其获得技术产品的竞争优势，但也使全球市场受其操纵和干扰，达到角逐经济利益的目的。[1] 对此，发展中国家政府要加强反垄断审查，防止专利权人滥用专利权。而且就目前发展状况来看，发展中国家的反垄断立法机制并不完善，不能及时对上述

---

[1] 参见周琛：《气候变化领域技术转让之法律障碍：从技术供应者的角度》，《武大国际法评论》2010 年第 2 期。

专利权滥用行为进行有效规制。① 因此，发展中国家有必要多加关注反垄断领域的立法问题，进一步加强反垄断法审查机制，为技术的国际许可提供国内法律的保驾护航。

第二节　保护贸易顺畅与反假冒伪劣的全球商标法治体系

商标与全球市场的经营者息息相关，凝聚了无形的经营劳动成果，是至关重要的市场竞争工具。一方面，商标法治是疏通全球市场贸易顺畅的目标状态。另一方面，商标法治还是反假冒伪劣的现实路径。

一、保护贸易顺畅的商标抢注治理

《中共中央关于制定国民经济和社会发展第十四个五年规划和二〇三五年远景目标的建议》中明确指出，要维护多边贸易体制，积极参与 WTO 改革，推动完善更加公正合理的全球经济治理体系。2017 年习近平主席在联合国日内瓦总部的演讲中也明确提出，要维护世界贸易组织规则，支持开放、透明、包容、非歧视性的多边贸易体制，构建开放型世界经济。②

作为商品来源区分标志和商誉载体，商标具有其他商业标志所无法取代的竞争能力和营商地位，拥有专属优质商标可谓经营者稳步发展、走向强大的必要条件。所以，对商标给予充分的法律保护是维护经

---

① 毛锐：《经济学视角下绿色专利国际转让与许可制度研究》，《经济问题探索》2015 年第 12 期。

② 参见《习近平论维护世界贸易组织规则》，学习强国，https://www.xuexi.cn/lgpage/detail/index.html?id=606924790808166652，2023 年 8 月 31 日。

营者合法利益、维持公平竞争秩序的现实要求。但商标抢注行为无疑会削弱商标正常应有的区分功能，使经营者的商誉被不当攀附，有违公平竞争原则，属于侵犯他人合法权益的不正当竞争行为，会对营商环境产生显著消极影响，使其稳定市场预期和激发市场活力的功能遭受严重破坏。[1] 具体而言，商标抢注的消极影响首先表现为可能直接损害国内外经营者利益，无论被抢注者是国外经营者还是国内经营者，商标抢注行为均会损害其合法权益。被抢注者不仅需要承担长期积攒的商誉可能被他人干扰的潜在损失，而且可能会增加其进入市场的成本和难度，甚至可能会陷入无法在另一国内使用该商标的窘境，面临经营困境。其次，商标抢注的消极影响还存在于对市场竞争的损害。竞争一词的本意是指为了自己的利益而与人争胜。[2] 市场主体在全球贸易竞争中也应当遵循自由竞争和公平竞争的原则。而商标权本身就是合法的垄断，可以排除他人在相同或类似商品或服务上使用相同或近似的商标，极易被抢注者不当利用，成为破坏自由和公平的工具。但是以攀附他人商誉为目的的商标抢注者往往会通过使用抢注商标来获得市场竞争优势，将他人商誉据为己有[3]，这种情形将损害公平竞争秩序并阻碍全球贸易顺畅。最

---

[1]　参见翁列恩、齐胤植、李浩：《我国法治化营商环境建设的问题与优化路径》，《中共天津市委党校学报》2021 年第 1 期。

[2]　中国社会科学院语言研究所词典编辑室：《现代汉语词典》(第 5 版)，商务印书馆 2010 年版，第 726 页。

[3]　参见王碎永、深圳歌力思服饰股份有限公司与王碎永、深圳歌力思服饰股份有限公司等侵害商标权纠纷申请再审案，最高人民法院民事裁定书（2016）最高法民申 1617 号。

后，商标抢注行为泛滥时，可能打击域外经营者的投资信心，不利于激发全球市场活力。同时增添市场交易风险，不利于经营者培育自主品牌。[1] 因此，要维护全球贸易顺畅，则有必要加强商标抢注的乱象治理，健全商标抢注的法治体系建设，以克服商标抢注可能对营商带来的消极影响。

商标在先申请原则直接引发了商标抢注行为，而商标的地域效力则进一步催生了域外商标抢注行为。具体而言，由于知识产权本质上是依据国内法创设而非依据国际条约创设，而国内法仅在该国域内有强制实施力，所以注册商标专用权无法因在某国或某地区的注册而当然延伸至另一国家或地区，这就为商标的域外抢注提供了机会。尽管知识产权国际保护规则日趋完善，各种知识产权国际条约或区域性条约为商标国际注册提供了现实可能性，但却并未真正消弭地域效力所带来的限制，也使得商标的域外抢注成为了治理的重点和难点。一方面，国际条约或区域性条约仅对其成员具有法律约束力，且即使一国加入该条约，但在加入时其既可能选择接受全部条款，也可能仅接受部分条款，而有许多国家考虑到对本国经营者和消费者利益的保护需要，以及国际知识产权与国内法可能产生的冲突，并不愿意积极地对外国商标承担同样注册的义务。[2] 另一方面，多数经营者的国际商标注册意识仍旧较为欠缺。据统

---

① 叶紫薇：《营商环境法治化视域下的商标抢注治理》，《私法》2022 年第 4 期。

② 参见杨建锋：《商标注册制度——基于 TRIPS 协定下的研究》，中央编译出版社 2012 年版，第 14 页。

计，2020 年，中国知识产权局收到的马德里商标国际注册申请仅 7553 件，相较于 576.1 万件的国内商标注册申请而言，数量差距巨大。[①] 随着经济全球化加深、国际市场竞争加剧，域外商标抢注行为也可能变得愈加猖狂。

对此，各国在商标确权方面应当适度倾向商标使用主义。商标注册取得制度常常被视为商标法的核心制度[②]，但纯粹、绝对的商标注册确认归属过分追求效率和秩序价值，而轻视了公平正义，其代价是商标抢注现象难以遏制。相反，商标功能发挥和价值实现都依赖于商标使用，即便是在采取商标注册取得制度模式的国家，商标使用也是不可忽略的重要命题。美国是坚持商标使用取得主义的典型代表，《兰哈姆法》明确规定，申请人向美国专利商标局申请注册商标时，必须已经使用了该商标，或有真诚地使用商标的意图。依据实际使用商标申请注册的，需要提交一定数量的商标使用图样或复制件，核准后可直接获得注册证，并在专利商标局的官方公告中发布其注册通知。而依据真

---

① 《2020 年年度知识产权主要统计数据》，国家知识产权局，https://www.cnipa.gov.cn/module/download/downfile.jsp?classid=0&showname=2020%E5%B9%B4%E5%B9%B4%E5%BA%A6%E7%9F%A5%E8%AF%86%E4%BA%A7%E6%9D%83%E4%B8%BB%E8%A6%81%E7%BB%9F%E8%AE%A1%E6%95%B0%E6%8D%AE%EF%BC%88%E7%9F%A5%E8%AF%86%E4%BA%A7%E6%9D%83%E7%BB%9F%E8%AE%A1%E7%AE%80%E6%8A%A52021%E5%B9%B4%E7%AC%AC1%E6%9C%9F%E6%80%BB%E7%AC%AC49%E6%9C%9F%EF%BC%89.pdf&filename=82511790aab64a3188dc8120ecaaa33a.pdf，2023 年 8 月 3 日。

② 参见黄汇：《注册取得商标权制度的观念重塑与制度再造》，《法商研究》2015 年第 4 期。

诚使用意图申请注册商标的，虽然无须在申请注册时提交实际使用证据，但却只能获得核准通知书，只有通过后续提交已在商业中使用该商标的声明才能获得注册证。《兰哈姆法》中还规定，商标注册证仅作为注册商标有效和注册商标所有权表面成立的证据，若他人在商标注册申请以前已经使用了该商标，则可凭借在先使用而优先获得商标注册核准。总而言之，美国的商标注册制度是以在先使用为主，以在先注册为辅，并以实际使用为取得商标注册专用权的必要条件。这样的法律设计使得大量不以使用为目的的商标恶意抢注天然地被阻挡在了商标注册的门槛前，有利于保障未注册商标所有人的合法权益。但是如果直接将美国的立法模式推广至全球商标法治体系中，可能会在部分国家出现排异反应。美国采取在先使用有其自身的历史原因，贸然对美国模式的全盘接受可能引发其他国家商标法律制度的内部冲突和矛盾，甚至造成全球市场的紊乱。因此，各国应推广相对折中的商标使用意图说明制度，既能够与大多数国家的国内商标制度相契合，同时更利于维护全球贸易市场的稳定。具体而言，无需将商标实际使用作为取得商标权的前提，而是要求商标申请人在申请注册时，证明其拥有真实的商标使用意图并提交相应证据。如果申请人无法证明具有真实使用意图则面临被驳回的风险。通过明确申请人对意图使用的说明义务和证明责任，有利于在一定程度上防止商标恶意抢注行为的发生。与此同时，在全球范围内推广上述规则还有利于防止贸易问题政治化，成为个别国家制造贸易壁垒的噱头。

二、反假冒伪劣的商标信用治理

假冒伪劣行为类型多样，且各国基于法律规则的差异等因素对假冒伪劣的界定标准不一。商标法治体系有利于构建公平有序的竞争环境，并维护健康有序的消费环境[①]，将未能形成规范文本的相关政策或成熟经验固定为法治规范，从而打击侵犯知识产权和制售假冒伪劣商品的行为，保护商标权利人和广大消费者的合法权益。同时，信用监管作为一种新型的社会治理手段，重塑了政府治理过程，推动了社会共治的实现，并回应了社会经济发展对创新社会治理的现实需求[②]，是反假冒伪劣治理的基本手段之一。

在运用商标信用加大反假冒伪劣的治理过程中，首先，要加快商标信用制度建设。倡导建立国内、区域和多边的商标代理机构、商标申请人、使用人等相关主体的信用评价和失信惩戒等一系列信用制度。例如建立商标信用评级制度，评估相关主体商标信用情况，向相关公众公开信用信息共享平台，倒逼相关主体关注自身商标信用。[③] 这既需要发挥社会舆论的监督作用，也需要各国政府部门营造有利于开展商业信用等工作的国内国际环境，切实培育和扩大国际信用需求。其次，各国政府应积极创建公益性信用信息体系，建立起沟通各国政府、跨国

---

① 参见方世成：《打击假冒伪劣 保护知识产权 营造良好商标发展环境》，《中国工商报》2011年9月1日。

②③ 刘瑛、周浩：《知识产权信用监管推动商标品牌建设》，《中国信用》2020年第9期。

企业和消费者的信息平台。当前的现实情况是，跨国市场主体的信息存储于各国政府内部，缺少政府间的信息流通，阻碍了消费者和企业的沟通交流，制约了商标信用体系的建设。对此要协调好各国政府、跨国企业和国际市场的消费者这三大国际市场秩序治理主体，打击假冒伪劣活动以及其他破坏市场秩序的活动。再次，建立非政府组织内部的商标信用体系。发挥非政府组织作为政府与企业沟通桥梁的作用，提高相关主体的信用意识，协助相关主体完善信用管理，培育跨国企业的信用需求。在具体工作内容上，非政府组织可以利用会员资料等建立行业的信用数据库，依法公布失信者"黑名单"，先行在非政府组织内部建立起行业信用机构和信用查询平台，逐步形成具备一定规模的信用体系，为信用环境的营造添砖加瓦。接次，构建分类信用平台。在各国政府之间的信息互联互通且依法披露的前提下，建立多个征信体系，实现合法征集和使用跨国企业和个人的信用信息。这些征信体系包括公益性征信体系、商业性联合征信体系、自我服务性信用体系和行业协会征信体系。公益性征信体系由各级政府组织组成，而其他征信机构应保持市场化和社会化。最后，跨国信用机构的发展应受到规范的监管。在国内，可以先行开展商标信用体系的试点建设工作，借鉴国外成熟的信用服务中介机构的发展经验，完善各类社会信用服务业，规范信用调查、信用担保等信用服务行为，并建立信用服务单位的市场准入和退出制度。政府应加强对信用中介机构的监督，以保障社会服务信用工作的顺利开展。

三、推介合理的商标侵权惩罚性赔偿

2018年，习近平主席在首届中国国际进口博览会开幕式主旨演讲中提出，要"引入惩罚性赔偿制度"。2019年，习近平总书记在党的十九届四中全会上进一步指出要"建立知识产权惩罚性赔偿制度"①。2020年11月，中共中央政治局举行第二十五次集体学习，习近平总书记在会上再次强调，要"抓紧落实知识产权惩罚性赔偿制度"②。这充分表明，知识产权惩罚性赔偿已从制度引入走向制度落实的新时期。

所谓惩罚性赔偿，是指由法院所作出的赔偿数额超过实际损失数额的赔偿，其具有补偿受害人所遭受损失、惩罚和遏制不法行为等多重功能。③澳大利亚1968年《版权法》借鉴英国1956年《版权法》，引入了附加赔偿条款。随后，澳大利亚《商标法》也规定了内容基本一致的附加赔偿④，目的在于威慑类似侵权行为的发生，具有惩戒性赔偿性质。⑤美国联邦法律与多个州的法律皆认可惩罚性赔偿制度，但同时对

---

① 参见徐俊、叶明鑫：《商标惩罚性赔偿法律适用要件的类型化研究》，《知识产权》2021年第4期。
② 《习近平主持中央政治局第二十五次集体学习并讲话》，中国政府网，https://www.gov.cn/xinwen/2020-12/01/content_5566183.htm?eqid=b81484a7000bc28d0000000664925ca9，2023年8月25日。
③ 参见王利明：《惩罚性赔偿研究》，《中国社会科学》2000年第4期。
④ 参见 Australian Patents Act 1990，Section 122（1A）。
⑤ 参见刘银良：《知识产权惩罚性赔偿的比较法考察及其启示》，《法学》2022年第7期。

惩罚性赔偿制度加以限制，措施包括限制其适用领域、最高赔偿额或比例，或要求将部分惩罚性赔偿支付给公共机构而非全部归原告。在商标领域，美国多个州的侵权法规定了针对侵犯注册商标或未注册商标行为的惩罚性赔偿。[①] 美国《商标法》第 1117 条 b 款规定，在本条 a 款规定的损害赔偿评估中，如果侵权人在知道商标属假冒的情形下仍故意使用商标，或为其提供必要的商品或服务，除非发现可减轻情形，法院应当根据被告利润或原告损失之较多者的 3 倍裁决赔偿，连同合理的律师费。这是针对假冒商标侵权的制裁措施，已含有惩罚性因素。其一，针对假冒商标侵权行为，除非发现可减轻情形，法院都应当裁决 3 倍的原告损失或被告利润。其二，无论是以被告利润为基数裁决 3 倍赔偿，还是以原告损失为基数裁决 3 倍赔偿（此时原告损失超过被告利润），对被告而言都是较重的惩罚措施，对类似侵权行为有较强威慑力。美国《商标法》第 1117 条 c 款针对假冒商标行为规定了法定赔偿。原告可在初审前选择适用法定赔偿而非根据原告损失或被告利润作出的赔偿，法定赔偿额是指在每种商品（或服务）中使用每件假冒商标须赔偿 1000 美元至 20 万美元，如果被告是故意使用假冒商标，则法定赔偿额最高可至 200 万美元。针对故意商业性使用假冒商标行为的法定赔偿最高额是非故意的 10 倍，显然已包含惩罚性因素。不过，英美等判例法国家和重视判例的德国虽然在司法实践中适用惩罚性赔偿，但都对其适用条

---

① 参见李明德:《美国知识产权法》，法律出版社 2014 年版，第 613—614 页。

件采取了严格的限制条件。[①] 美国联邦最高法院根据宪法的正当程序条款等对惩罚性赔偿的适用施加必要限制，以保障被告的权益。[②] 其曾提出判断惩罚性赔偿合理性的三要素，分别是被告行为的可责性、惩罚性赔偿与损害赔偿的比例（倍数）、针对可类比的不法行为所施加的民事或刑事处罚。[③]

《TRIPS 协定》第 45 条关于"损害赔偿"责任的规定中，也带有一定惩罚色彩。其第 45 条规定：1. 对故意或有充分理由应知自己从事的活动系侵权的侵权人，司法机关有权责令其向权利人支付足以弥补因侵犯知识产权而给权利持有人造成损失的损害赔偿费。2. 司法当局还应有权责令侵权人向权利持有人支付其他开支，其中可包括适当的律师费。在适当场合即使侵权人不知，或无充分理由应知自己从事的活动系侵权，成员仍可以授权司法当局责令其返还所得利润或令其支付法定赔偿额，或者二者并处。[④] 在这一规定中，第一款要求赔偿金足以弥补权利人受到的损失，因此该款规定的赔偿责任属于补偿性赔偿责任。第二款首先要求赔偿金应当包括律师费在内的其他开支，这些开支在美国有的州法属于惩罚性赔偿的范围。其次，第二款规定，侵权人返还侵权利

---

① 丛立先：《我国商标侵权惩罚性赔偿规则的司法适用》，知产力微信公众号 2020 年 4 月 29 日。

② 参见 Volker B., "Punitive Damages in America and German Law-Tendencies towards Approximation of Apparently Irreconcilable Concepts", *Chicago-Kent Law Review*, Vol.78, No.1, 2003。

③ 参见 "BMW of North America", Inc. v. Gore, 517 U.S. 559, 1996, pp.575—585。

④ 郑成思主编：《知识产权研究》（第七卷），中国方正出版社 1999 年版，第 266 页。

润的责任和法定赔偿责任可以并用，这一赔偿责任明显超过了补偿性赔偿金的范围，带有惩罚性赔偿的性质。并且这一规定的适用条件比惩罚性赔偿责任的适用条件还要低。惩罚性赔偿责任一般适用于故意侵权行为[1]，而返还侵权利润责任和法定赔偿责任的并用可以适用于过失侵权行为。由于美国、英国、德国、法国等两大法系主要国家均积极参与了《TRIPS 协定》的谈判、制定，因此，可以认为知识产权发达国家在该协议中对惩罚性赔偿责任的适用达成了妥协，如何规定惩罚性赔偿责任等可由成员方自己决定。

侵犯商标权的惩罚性赔偿制度是加强商标保护，惩罚和遏制商标侵权行为的重要制度，也是中国三大知识产权基本法中最早建立了惩罚性赔偿规则的法律。但无论是知识产权侵权责任的追究，还是其他民事侵权责任的追究，对于侵权行为适用惩罚性赔偿的要旨皆在于弥补权利人的精神损害的同时惩罚侵害人。无论是英国早期的滥用公权适用惩罚性赔偿案件，还是后来延及各侵权领域的惩罚性赔偿案件，其损害后果实际上都包含有造成了精神痛苦的损害在内。商标权的本质属性是财产权，对于财产权的侵害，如果没有连带的严重损害财产权所附着的人身权，则不应该适用惩罚性制裁手段。换句话说，恶意严重侵害知识产权，如果只是财产权，就应该在财产赔偿上赔偿到位执行到位，而非轻易对侵权人施加惩罚。从商标权侵权惩罚性赔偿乃至整个知识产权惩罚性赔偿

---

[1]　朱丹：《知识产权惩罚性赔偿制度研究》，华东政法大学博士学位论文 2013 年。

制度的设计初衷来看，对侵害人课以惩罚性赔偿的目的是发挥威慑或震慑作用，虽然有惩罚当事侵权者的考量，但更主要的目的是警示可能的潜在恶性侵权者，让其不敢贸然以身试法。这种惩罚性制裁方式是对整个社会风气进行警示的调节器，而不是简单的当事双方财产利益赔偿多少的调节器。恶意严重的侵权，恰恰可以通过真正让该赔偿的数额赔偿到位，受损数额、侵权获利数额、许可费合理倍数、法定限额内的酌定赔偿，如果能够将赔偿数额的考量因素落实到位，则足以很好地处理侵权关系当事双方的利益分配。因此，世界各国在商标惩罚性赔偿的适用上，有必要提高惩罚性赔偿的条件。具体而言，应当不仅要求主观恶意，而且在客观上还应当具备情节严重的要求。在主观恶意的判断上，恶意的主观过错程度大于故意，建议将其谨慎地理解为"具有恶劣性的、在道德上应受谴责性的'故意'较好，而重大过失和简单的明知侵权而为之不能包括在内"。恶意代表了侵权人过错程度，这与惩罚性赔偿中的惩罚功能直接对应。商标惩罚性赔偿适用中的恶意具体可以包括以下几种情形：（1）侵权人被告知侵权时仍然继续实施侵权行为的；（2）侵权人明知侵权且采取措施掩盖其侵权行为的[1]；（3）参照2014年6月《著作权法》草案中有关适用惩罚性赔偿以侵权人多次侵权为前提的条款。[2]

---

[1]　钱玉文、李安琪：《论商标法中惩罚性赔偿制度适用——以〈商标法〉第63条为中心》，《知识产权》2016年第9期。

[2]　《中华人民共和国著作权法（修订草案送审稿）》第76条第2款："对于两次以上故意侵犯著作权或者相关权的，人民法院可以根据前款计算的赔偿数额的二至三倍确定赔偿数额。"

般认为，情节严重指的是侵权行为导致严重的损害后果，相对于主观要件而言是从客观方面考察侵权损害的严重程度，以侵权规模大小、侵权获利多少等损害结果作为评判标准。[1] 对于情节严重，应理解为客观侵权行为的情节严重，可以由以下几种标准判定：（1）侵权人长期处于侵犯他人商标权状态或者以"侵害商标权为业"[2]；（2）商标权人因侵权行为受到极大甚至难以弥补的损失；（3）侵犯商标权的行为产生严重社会影响[3]，以及可能危害国家安全。[4]

第三节　保障文化发展与繁荣的全球版权法治体系

长期以来，全球版权治理体系由发达国家主导，目标和制度设计以发达国家利益为导向，为实现其文化成果利益化而积极推行的版权国际保护战略，对于包括中国在内的广大发展中国家而言都是在被动地接受与妥协。进入 21 世纪，以中国为代表的发展中国家在经济实力、政治影响力和综合实力上有了大幅提升，在版权全球化治理的进程中，发展中国家不再是版权国际规则的被动接受者，而应成为全球版权治理的主动参与者，随之而来的全球版权治理体系的目标和设计应予以修正。全

---

① 参见《北京市高级人民法院关于侵害知识产权及不正当竞争案件确定损害赔偿的指导意见及法定赔偿的裁判标准（2020 年）》第 1.13 条、第 1.16 条。

②④ 徐俊、叶明鑫：《商标惩罚性赔偿法律适用要件的类型化研究》，《知识产权》2021 年第 4 期。

③ 钱玉文、李安琪：《论商标法中惩罚性赔偿制度适用——以〈商标法〉第 63 条为中心》，《知识产权》2016 年第 9 期。

球版权治理体系的科学化目标和设计应是建立一个各主权国家相互认同、相互连结的全球版权法律机制，聚合不同国家的社会主体所创造的版权调整规则和版权调整经验，最终形成共商共建共享的全球版权治理格局。在科学化治理目标的引领下，设置反映大多数国家特别是发展中国家意愿和利益的多边版权国际规则，有效缓解全球版权治理失衡的现实局面，推动全球版权治理向着更加公正、开放、包容、公平的方向发展。[①]

一、维护并优化多边版权法治体系

在多边版权体系的改革和发展中，应认识到各国在国际版权产业链中的分工地位相较于《TRIPS 协定》、《伯尔尼公约》、《世界知识产权组织版权条约》(以下简称"WCT")、《世界知识产权组织表演和录音制品条约》(以下简称"WPPT")签署时已有了翻天覆地的变化，原有的国际条约缔结时间过长，已不能充分反映各国版权保护的诉求。当前，WTO 多哈回合贸易谈判长期陷入僵局，《保护广播组织条约》的谈判从1998 年开始至今仍未取得实质性进展。同时在全球国际贸易摩擦的背景下，美国等主要发达国家为推进本国版权战略目标的实现，试图绕过原有版权多边条约体系，与贸易方直接签订双边条约，导致原有的多边体系出现乏力和协调不足的问题。对此，首先不应摒弃或彻底否定现有

[①]　张建春：《全面加强版权保护　推动构建新发展格局》，《中国出版》2021 年第12 期。

的版权多边框架体系。以《TRIPS 协定》为代表的多边国际条约仍然是全球版权治理愿景中最重要的工具，并在均衡发达国家和发展中国家的版权保护水平上发挥了卓有成效的作用。[①] 在知识产权"逆全球化"趋势的当下，应着力维系现有的多边治理框架。其次，中国应秉持温和的改革态度，在维护现有多边合作框架下，通过协商的方式对原有版权规则进行更新与完善。中国应加强在 WIPO 与 WTO 等国际框架和多边机制中与世界各国展开版权合作，积极参与国际版权条约的制定及版权议题的对话与磋商，如中国成功推动缔结了《视听表演北京条约》，填补了国际条约对视听表演领域全面版权保护的空白。同时，各国应倡导在国际层面设置更多有利于发展中国家的版权保护议题，以此来遏制知识产权强国在版权国际保护方面的单边主义。[②] 例如，为保障发展中国家视障者阅读的权利，中国参与推动了《马拉喀什条约》，通过限制发达国家的相关版权制度，解决了亿万视障人士的"书荒"问题。今后，中国可在民间文学艺术作品的国际版权保护方面带动和团结广大共同利益国家，争取尽快形成确定性的本领域国际版权规则。最后，扩大版权多边体系的伙伴关系。WIPO 和 WTO 作为知识产权全球治理中重要的国际组织应当协同更多的国际组织来参与全球版权治理。中国应加大与联合国教科文组织、亚太经合组织等国际组织的交流合作，凝聚共识，汇

---

① 张明：《知识产权全球治理与中国实践：困境、机遇与实现路径》，《江西社会科学》2020 年第 3 期。

② 参见陈绍玲：《建设知识产权强国：我国面临的国际规则挑战及对策》，《南京社会科学》2016 年第 7 期。

聚力量，为中国参与全球版权治理提供沟通交流的渠道和有利的国际舆论环境。①

二、重建与实施区域版权法治体系

在区域版权体系的重建与实施中，近年来签署的各类区域贸易协定几乎全部涵盖了版权保护规则，由于缔约主体、实现目的和利益诉求的不同，导致其中版权规则存在较大差异，各个协定中版权保护存在保护水平参差不齐等问题。部分区域贸易协定的版权规则达到高标准甚至超高保护标准，其中以 TPP 最为显著。TPP 对版权的保护已经远超 TRIPS、WCT、WPPT 等国际条约所要求的保护水准。虽然 TPP 已经为 CPTPP 所替代，其中美国主导的知识产权强保护条款大多予以冻结，但该条约所主导的强保护规则的影响和趋势却不容忽视，不排除再次生效并抬高国际版权保护水平的可能。实际上，过度保护版权及相关权利会妨碍甚至阻碍人们获得知识和信息的自由，并可能对互联网、人工智能、大数据等新兴技术信息产业传播和发展造成障碍，最终异化为知识产权投资贸易壁垒。但部分区域贸易协定仅概括性地申明知识产权保护承诺，缺乏明确的保护种类、保护范围与保护内容，导致实践中难以操作，条款很难得到更大程度地复制和推广。由于区域贸易协定关于版权保护内容存在落差和保护不均衡的弊端，因此有必要对区域性版权治理体系进行重建。在当前国际版权环境较为复杂、多边版权协调治理

---

① 参见万勇：《知识产权全球治理体系改革的中国方案》，《知识产权》2020 年第 2 期。

陷入僵局、国际版权制度发展呈现明显区域主义特点的背景下，中国应当以 RCEP 和"一带一路"倡议为平台和契机，主动引导和推动区域性版权治理体系建设。RCEP 的成功签订为中国、东盟（新加坡除外）为代表的新兴发展中国家群体，在国际范围内就知识产权问题表达诉求提供了平台，对中国主动引导和推动区域性版权治理体系的建设具有良好的示范效应。总结 RCEP 的版权规则架构有以下几个方面值得借鉴。一是版权规则相辅相成。RCEP 版权条款的显著特点是在《TRIPS 协定》的文本基础上新增规定或做适当调整，没有刻意抬高版权保护标准，而是将版权保护力度和执法强度保持在适中水平，同时 RCEP 版权条款与《TRIPS 协定》没有任何分离，形成了一个整体。二是条款内容与时俱进。随着时代的发展，版权载体在信息时代数字化环境下发生了变化，RCEP 版权条款相应地新增许多相关规定，包括数字网络化的版权保护和相关权利保护，同时 RCEP 知识产权条款以不同方式将《TRIPS 协定》之后的一些知识产权保护国际条约或相关制度纳入其中，包括要求缔约方应当批准和加入与版权保护有关的 WCT、WPPT 和《马拉喀什条约》，提升缔约方知识产权整体保护水平。三是版权机制均衡稳健。RCEP 努力构建了版权平衡机制，包含了版权限制和例外条款，这些条款均衡了公众利益和版权人权益，尽最大可能平衡权利持有人和社会公众的利益，以维护公众对有关知识获取和使用的权利。同时 RCEP 全面详尽地约定了知识产权权利的实施、透明度、过渡期和技术援助、程序事项等条款，保证了知识产权章节设置的全面和平稳。中国在配合做好 RCEP 核准后的实施工作的同时，应利用 RCEP 推动其他区域自由贸易协定谈判契机，如中日韩自由贸易协定，在区域性版权治理上借鉴 RCEP 版权体系治理的经验和制度范本，尊重不同成员国的经济社会文化发展需求和制度选择差异，将中国有关立场转化成条约文本，构建更加公正合理的区域版权合作体系。"一带一路"倡议是中国推动知识产权国际制度变迁另一个重要实践平台。通过推动"一带一路"建设，中国可以在密切经济贸易往来的同时与沿线国家开展知识产权国际合作，进而在实现基础设施联通的同时带动包括版权制度在内的各项知识产权制度联通。但由于"一带一路"地域广阔，沿线国家众多，政治、经济及文化的差异显著，所以构建"一带一路"沿线国家版权治理体系需要因地制宜、因时制宜。在与沿线国家或地区的版权合作中，中国宜采取柔性合作模式。① 一是应将"一带一路"版权合作的目标设定为拓宽国际版权交易渠道、促进地区经济发展融合，通过减少版权贸易和投资壁垒，实现沿线国家版权产业共同发展的良好愿景。二是在制定规则层面，中国应给予合作方充分的制定空间，注重原则性条款及弹性条款的制定，尊重各国关于合理使用和法定许可等限制制度适用的权利。三是在谈判层面，中国应充分运用正式的和非正式的谈判机制与沿线各国进行广泛的意见交流，争取尽可能多的主体参与其中，营造良好的国际合作氛围，最终在平等互惠的基础上达成一致。四是在争端解决层面，宜

---

① 参见刘亚军、高云峰：《"一带一路"倡议下知识产权区域合作差异性探析》，《大连理工大学学报（社会科学版）》2018 年第 6 期。

采取协商解决的方式或建立双方均信赖及认可的裁决机制，建构可能的选择性争议解决机制（ADR）。五是深化与"一带一路"相关国家和地区高层次版权交流对话合作机制，充分利用"一带一路"国际合作高峰论坛等制度，推广中国版权文化，拓展影响版权国际舆论的渠道和方式。

三、转变双边版权法治体系的建设观念

在双边版权法治体系的建设过程中，中国需要转变观念，主动参与双边版权法治建设，积极实施内容多样的双边版权制度，针对不同类别的国家制定差异化的实施方案、标准，实现双边版权机制的完善。

在同发达国家的双边版权制度完善上，中国首先应延续之前自由贸易协定（以下简称"FTA"）版权的基本立场，不盲目提高版权保护水平，确保版权保护水平与中国经济社会文化发展状况相协调。[①] 其次，立足中国当前版权产业的发展实际，汲取发达国家在版权领域的先进做法，主动构建 FTA 中的版权规则，积极输出本国版权法治战略。如欧盟为有效地排除贸易自由化规则对欧盟"网络视听读物"的适用，向缔约方输出了欧盟"网络视听读物"的保护安排。再次，在 FTA 谈判过程中，在不影响版权核心利益的前提下，可以在个别版权条款的选择上作出必要的让步，逐步提高中国版权保护水平，与缔约方国内版权保护水平相适应。最后，中国应与已签订 FTA 的发达国家进一步升级现有

---

① 参见彭学龙、姚鹤徽：《中国 FTA 版权政策的基本立场》，《南京理工大学学报（社会科学版）》2014 年第 1 期。

的版权条款，在升级过程中协调好版权相关的多方利益，在涉及网络版权产业、网络服务提供商版权责任等优势领域，掌握版权条款规则设定的主导权，可考虑与相关发达国家进行同等利益的合作，同时统筹各FTA关于版权等知识产权条款内容，确保涵括的国际知识产权条约规则明确，保护标准一致。

在同发展中国家的双边版权制度完善上，中国制定的规则应贯彻普惠包容的基本原则，符合大多数发展中国家利益需求，同时在谈判过程中积极提升条款创设水平，增强中国在FTA版权条款制定中的话语权。特别是在民间文艺版权保护领域，发展中国家普遍具有深厚的民间文艺底蕴，首先，中国应在积极完善民间文艺版权保护国内立法的同时，加强国际推广交流联动，扩大交流互鉴，以开放包容的姿态，坚持以我为主、为我所用，在国内立法和实践经验的基础上深度参与相关国际规则制定。其次，应立足中国版权产业发展水平，结合最新发展趋势，扩大FTA版权保护覆盖范围，积极构建与中国现阶段网络版权产业发展水平相适应的版权双边制度，如增加关于版权技术措施、数字技术、电子技术、网络服务提供商版权责任、软件保护等条款，更有利于增强中国优势版权贸易和产业发展。最后，可借鉴发达国家预先设定FTA版权条款范本的实践做法，结合发展中国家版权保护实际，在《TRIPS协定》的最低标准和自身版权制度可以承受的最高程度之间寻求条款的合理边界，固化和具体化通用性条款，后续再根据缔约方实际情况增加版权权利限制与例外方面规定，经过长期的实践形成稳定、统一、可预见的

FTA 版权模板，实现各双边协定中版权条款规定总体一致。

四、建设与完善涉外版权风险防控与维权援助机制

与此同时，随着各国知识产权战略的大力推进和版权产业快速发展，越来越多的企业走出国门，越来越多的作品走向国际，版权国际化程度日益广泛和深入。近年来，因版权引发的贸易争端事件时有发生，企业面临的涉外版权风险已经成为版权贸易的难点和焦点问题。

对此，首先应建设与完善国际版权风险预警与应急机制。针对企业在参与国际市场竞争时常常会面临外国政府或企业以版权保护为核心构建的非关税贸易壁垒、内容产品被侵权和被控侵权，以及海外投资中版权交易合同风险、价值评估风险，以及海外竞争对手滥诉风险等[1]，需要构建版权风险预警与应急的有效机制。在各国国家层面，一是建立完善的版权信息情报收集机制[2]，充分利用国内外信息情报力量，全面、及时、准确地收集版权信息、企业版权侵权案件信息、海外版权诉讼、贸易调查信息，国外知识产权与版权发展战略的研究、实施和调整动态，外国政府、企业集团设置版权保护非关税贸易壁垒等新动向。二是健全版权信息分析处理机制。通过全面而严密的版权信息分析，对企业可能遭遇的版权障碍、技术壁垒、竞争对手及其威胁情况提出预

---

[1] 于慈珂：《切实增强版权产业国际风险防控能力》，云南省新闻出版（版权）局、云南省电影局网，http://www.ynsxwcbj.gov.cn/html/1970/banquanguanli_0101/1681.html，2023 年 8 月 3 日。

[2] 参见王成仁、冯喆：《中小企业知识产权风险预警机制亟待建立》，《中国经贸导刊》2015 年第 7 期。

警。通过对版权类别、行业领域、技术特征、重点公司及其技术战略等进行归纳和分析，得出判断和预测，编制重点国家、地区版权营商环境指南，为企业规避国际版权纠纷提供决策依据。三是有效的版权信息警报机制。建立通畅的信息传输网络，通过信息发布网站和定向信息传递等方式把分析处理得到的版权警示信息及时反馈给相关企业。在各国国内的各区域层面，知识产权主管部门应牵头建立地方知识产权预警公共服务平台，依托支柱产业、特色产业推动版权预警机制的建立。建立版权检索大数据库，服务于优势产业。通过研究分析竞争对手技术与产品方向，为区域内龙头企业、跨国版权企业及国际贸易大户制定版权战略，为企业走出去做好引导和政策保障。企业层面，需尽快建立与完善与版权竞争有关的情报系统，并立足自身发展实际，围绕版权侵权和保护制定行之有效的风险预警与应对措施，切实维护自身权益。行业组织方面，应积极发挥行业协会在行业内部的引领作用，在面对涉外贸易可能存在版权风险时，协调行业协会内部企业联合行动，共同互助解决问题，防范风险。

其次，还应建设完善企业版权海外维权援助机制。企业海外版权纠纷的应对能力，关乎其在国际版权贸易中竞争力和中国版权贸易的可持续发展。建设与完善企业版权海外维权援助机制需要政府发挥主导作用。一是在政府层面加强指导服务，提升企业应对纠纷水平。美国等发达国家主要通过驻所在国使领馆和美国商会以及设立相关协会组织等对企业提供指导培训，帮助企业开拓海外市场，规避知识产权风险。各国政府相关部门应加强重点产业海外版权保护模式研究，及时向企业提供海外版权风险防控与纠纷应对指导，特别是强化境外重点展会版权维权援助服务，实现展前培训、展中驻会服务和维权指导、展后案件跟踪和总结反馈的全链条服务。二是要完善海外知识产权援助机构工作机制。在各国海外知识产权援助中心基础上，各国国内的各地区应设立海外知识产权援助中心分支机构 ①，畅通与当地政府的对接渠道。鼓励著作权集体管理组织、版权保护中心、版权行业组织加入国际版权组织，并与海外同类机构建立相互联系合作或代表关系，同时加强与本国政府驻外机构的联系，通过全方位、多渠道的维权工作运行机制，有效帮助企业开展海外知识产权维权。三是要推动建立健全版权海外维权互助机制。面对海外版权高昂的诉讼费用，政府应引导和鼓励跨国版权企业按照规模比例设立版权海外维权互助基金，缓解维权资金压力。同时完善海外版权相关保险机制，联合保险公司逐步设立海外展会版权保险、海外版权侵权责任保险、知识产权诉讼费用保险等专业险种，通过市场化整合资源，为企业走出去提供保障平台。四是要推动发展多元纠纷解决机制。与知识产权诉讼相比，ADR 有以下优点：彰显自治理念、程序与救济更加灵活、节约时间和经济成本、保密性更强、结果互利。有助于版权纠纷的实质性化解和消除讼累，避免知识产权平行诉讼，为各国企业提供高效便捷的海外版权纠纷解决平台。因此，各国应推动选择性争

① 参见潘灿君：《企业海外知识产权纠纷调查及援助机制——以浙江省为例》，《电子知识产权》2012 年第 10 期。

议解决机制（ADR）应用于海外版权争议解决领域。①

第四节　维护特定领域共同利益的其他知识产权法治体系

在专利、商标和版权这三大传统知识产权外，商业秘密、地理标志、集成电路布图设计和植物新品种等被国际社会大多数国家所承认的其他知识产权，在全球知识产权治理中同样不容忽视。

一、营造商业秘密保护的良好法治环境

在商业秘密上，需要解决初步禁令、证据保存令和损害赔偿规则等重要问题并加以切实完善。

在发布初步禁令时，需要明确发布禁令的条件。考虑以下因素来决定是否发布禁令：（1）侵权的性质和程度；（2）对原告的救济程度；（3）对被告、第三方和公众合法利益的损害程度；（4）原告维权方面是否存在不合理的拖延；（5）禁令的可行性等。限制禁令的范围也十分重要。禁令应仅限于与商业秘密相关的业务领域或技术领域，而不应包括侵权人的所有业务，否则可能损害侵权人的合法权益并限制生产的发展。为了防止禁令范围过于狭窄，在考虑禁令范围时应兼顾多方利益，包括权利人以及为保障正常生产经营所需的利益。禁令的期限应根据商业秘密进入公共领域的时间来决定。例如，可以参考自主研发或通过反向工程获取商业秘密的时间来确定禁令的时长。在特殊情况下，可以

---

① 参见丛立先：《金砖国家知识产权争议解决机制的构建及其实现路径》，《国际论坛》2018 年第 6 期。

允许被告继续使用商业秘密，例如考虑公共利益和人权。根据发达国家在商业秘密方面的判决经验，如果被告使用商业秘密涉及国家利益和社会公众利益，或者被告对商业秘密的适用与其生存有关，法院可以在确认被告侵权的基础上要求原告与被告达成许可使用协议，并要求被告向原告支付赔偿。换句话说，在上述特殊情况下，如果使用者支付使用费用，可以允许被告继续使用商业秘密。

证据保存令和密封令等是确保商业秘密安全的主要措施。证据保存令是一种常见的程序性措施，旨在防止商业秘密在诉讼过程中被披露，并限制披露信息的获知范围和使用范围。审判过程中对证据保存令的适用应当进一步针对不同技术采取差异化的披露范围，在特殊案件中可以由法官任命"特别审查人"来综合考虑商业秘密的证明力和披露的必要性等因素来判断是否披露商业秘密。另一种保护措施是密封令，即法官可以签署命令，将涉及商业秘密的文件密封起来，以避免公众知晓。在诉讼过程中，应当明确一旦签署密封令，商业秘密将不像普通证据那样必须公开。对于可能口头泄露的商业秘密，例如在法庭庭审过程中的证人证言，为防止证人口述内容泄露商业秘密，可以考虑通过非公开庭审和密封法庭记录等方式加以保护。

商业秘密损害赔偿涉及归责原则、赔偿方法和赔偿数额等方面。在归责原则上，应当以过错责任原则作为主要归责原则，以无过错责任原则为辅，但应避免滥用无过错责任原则，在通常情况下，无过错责任原则的适用仅限于严重侵犯商业秘密的案件。对于赔偿方法，如果权利人的实际损失可以确定，应采用补偿损失的方法进行赔偿。如果无法确定权利人的实际损失，但可以确定侵权人因侵权行为获得的利益，应采用返还利润的方法。如果无法确定因侵权行为的实际损失和侵权人所获得的利益，应通过法定赔偿来弥补损失。需要注意的是，这三种方法的适用顺序是：被侵权人的实际损失、侵权人因侵权行为获得的利益、法定赔偿。如果被侵权人的实际损失和侵权人所获得的利益都可以确定，可以允许权利人进行选择，但不能同时适用。在确定赔偿数额时，应以披露的商业秘密的价值为基础，综合考虑开发成本、商业秘密的收益潜力、商业秘密的保密时间等因素，并根据这些因素确定损害赔偿数额。

二、建立外在协调且内在统一的地理标志保护制度

地理标志的保护始于《巴黎公约》，并在《TRIPS 协定》的协调过程中提高了保护力度。尽管《TRIPS 协定》很大程度上为地理标志强保护国家和地理标志弱保护国家提供了协商平台并获得了相对一致的协商结果，但各国和地区关于地理标志问题的纷争不仅尚未结束，反而存在不小的矛盾。总体来看，以美国为代表的地理标志产品相对匮乏的国家主张地理标志弱保护，具体表现在通过商标形式保护地理标志。以法国、俄罗斯为代表的拥有丰富地理标志产品的国家则主张为地理标志赋予强保护，体现在以专门法的形式保护地理标志。德国则采取居中方式，通过反不正当竞争法提供一般和兜底保护。在中国地理标志同时受到商标法和专门法两种保护方式，商标法是通过集体商标和证明商标的形式为地理标志提供保护，专门法是为农产品地理标志和地理标志产品提供保护。但由于这两种模式的并行保护引发了一系列权利冲突的问题。与此同时，二者的冲突在世界范围内同样未达成规则共识，且《中美经贸协议》与《中欧地理标志协定》中关于地理标志与商标权发生冲突时的解决规则进一步加剧了世界范围的分歧，在处理方式上存在张裂的趋势。

对此，应首先明确地理标志与商标就是两个相互独立的知识产权，这在《TRIPS 协定》中就已经作出了明确规定，只不过以美国为代表的地理标志弱势国家所采用的商标法模式对部分国家产生了误导。接下来在立法中，中国应当对二者进行明确区分，并建立相互独立的保护体系。其次，地理标志是中国的强势和强项，从长远来看，加强地理标志的保护是中国在全球知识产权市场上因势利导的必然结果。因此，率先在中国建立一部《地理标志保护法》并适时向世界范围推广是地理标志法治体系建设与发展的最优选择。在《地理标志保护法》的制定上，需要注意以下几个问题。第一是明确地理标志应当与"自然因素和人文因素"存在关联。对于中国不具有优势的工业品能否纳入地理标志持审慎态度，建议将地理标志保护范围仅限于农产品、食品和传统手工艺品。第二是在国家知识产权局下设立专门的地理标志保护委员会，负责地理标志的管理工作。第三是赋予地理标志权利人享有许可和禁止他人使用的权利。同时，已注册的地理标志不得用作商标、商号或产品的通用名称。第四是建立严格的强制性国家标准①，由地理标志委员会作为管

---

① 董炳和：《地理标志知识产权制度研究——构建以利益分享为基础的权利体系》，中国政法大学出版社 2005 年版，第 287 页。

理机关制定强制性国家标准。未达到标准的本地生产者和产地外的生产者均不得在其商品上使用与该地理标志相同或近似的标志。第五是对葡萄酒和烈性酒的地理标志保护作出特别规定，履行中国作为《TRIPS 协定》成员国的义务。

三、协调集成电路布图设计的国际规则分歧

《TRIPS 协定》和 WIPO 的《集成电路知识产权条约》在集成电路保护方面有相似的规定，包括对布图设计权人的复制权和商业实施权等权利。但是在保护范围、非自愿许可和保护期限方面存在差异。发达国家主张对集成电路布图设计的保护范围更广，包括仪器设备和使用该设备的系统。发展中国家主张权利有限保护，仅保护布图设计本身及其制造的产品。《TRIPS 协定》采纳了权利无限延伸的观点，而《集成电路知识产权条约》在这方面的规定较为模糊。在这一问题上应当采取权利有限延伸的观点，以平衡私权与社会公共利益。例如将反向工程行为在布图设计保护中规定为非侵权行为，同时规定布图设计产品的合法销售导致布图设计权的耗尽。此外，在非自愿许可方面，《TRIPS 协定》和《集成电路知识产权条约》以及《巴黎公约》的规定存在明显差异。相较于《TRIPS 协定》中规定的集成电路布图设计非自愿许可适用专利非自愿许可，应采用《集成电路知识产权条约》对非自愿许可更为宽松的规定。在保护期限方面，《集成电路知识产权条约》规定保护期最短为 8 年[1]，

---

① 高卢麟：《论集成电路布图设计知识产权保护的国际立法》，《知识产权》1989 年第 3 期。

而《TRIPS 协定》采纳了发达国家的方案，将保护期限定为最低 10 年，并规定自创作之日起 15 年后保护终止。但从集成电路布图的发展速度来看，不建议为集成电路布图设计设立 15 年的保护期。①

四、平衡植物新品种育种者和种植者的利益关系

植物新品种保护是农业知识产权保护的重要领域，尤其与生物技术的发展密切相关。优良的农作物品种对农业生产的进步至关重要，因此植物新品种通常也是各国国家知识产权战略的重要组成部分。② 受到各国经济、科技水平和利益诉求等因素的影响，发达国家和发展中国家在农业知识产权方面存在较大的分歧和矛盾。发达国家主张加强商业育种者的利益，并积极推动国际植物新品种保护联盟（UPOV）的保护模式，但也有个别发达国家主张削弱商业育种者的利益。大部分发展中国家主张建立商业育种者与农民种植者利益的平衡，例如粮农组织建立的保护模式。全球植物新品种保护的关键在于实现商业育种者和种植者之间的利益平衡，特别是对于中国这样农业研发能力相对较弱的国家，应积极推进国家主权、知情同意和利益分享等原则在植物新品种知识产权中的应用。根据多数国家的发展情况，倡导修改 UPOV 模式。具体措施包括重视农民利益的维护，例如规定农民享有保留、使用、交换、销售由受保护品种产生的产品的权利，允许农民申请保护符合一定标准的

---

① 参见郭禾：《GATT TRIPS 协议与 WIPO 集成电路知识产权条约比较——兼论集成电路保护若干问题》，《电子知识产权》2011 年第 10 期。

② 粮农组织认为农业领域里《TRIPS 协定》包括三个方面：地理标志、农产品专利保护及植物品种保护，其中植物品种保护尤为重要。

品种，适度限制植物品种的保护范围，不保护有害公共健康和涉及基因利用限制技术的品种。倡导利益分享机制，要求任何使用已授权的品种的人获得权利人的许可，并补偿他人一定数额的利益。[①]

[①] 参见邓武红:《国际农业植物新品种知识产权保护格局探析及启示》,《中国农业大学学报（社会科学版）》2007 年第 1 期。

第四章

共享全球知识产权治理的协作体系

协作治理是全球知识产权治理的创新路径，能够对法治体系与政策体系无法解决的全球知识产权问题提供有益补充。在协作体系的构建上，需要将协作主体从政府间协作扩展到非政府组织（NGO），从外交、全球经贸和国际政治等多角度探寻治理面向，同时坚持多边协作、区域协作与双边协作的协作路径。

第一节　确立国家间知识产权协作机制的主体角色

从威斯特伐利亚体系到《巴黎公约》以及 WTO，政府都是全球治理的主体。21 世纪以来新兴经济体的话语权更是进一步增大。在新的全球背景下，要继续维护国家中心治理模式，同时采取有区别的协作关系。第一是与发达国家求同存异，避免发生不必要的冲突。第二是力求与新兴经济体和发展中国家取得协作成果，避免产生恶性竞争。第三是对欠发达国家提供技术援助，力求和合共赢。中国在参与全球协作过程中，还要秉持底线思维和因时因势而变的原则，坚持发展中国家的基本立场的同时，在不同领域制定有差异的谈判策略。

一、维护全球化背景下的国家主权

尽管国际组织的出现一定程度上削弱了国家在全球知识产权治理当中的地位，但在全球治理中，主权国家是国际社会最稳定的行为主体，是民族生存的重要支撑，更是保持良好国际关系的轴心。主权的体现是民族国家的主权权力，包括政治主权、经济主权、文化主权等。国家主权原则在维护国际政治环境和秩序中不仅不可被其他原则所替代[①]，而且在全球治理的规则中应当得到进一步确认与强化[②]，坚持将国家作为国际社会最重要的政治权利主体。[③] 首先，坚持以国家主权作为国家生存和发展的当然前提，以国家主权为民族国家参与国际社会提供天然庇护。一方面，倡导各国以国家主权为基础加入国际组织并获得国际组织成员的资格。另一方面，倡导以国家主权为前提，参与国际条约的签订并获得国际法秩序的尊重。需要说明的是，在经济全球化背景下，欧盟成员国通过让渡一部分主权权力可换取更大的国家利益和政治利益，这其实也是欧盟各国对本国主权实施管理的体现。因此，为保障国家生存和发展以及国际社会稳定，应牢牢坚持主权原则。其次，发挥主权国家在全球知识产权治理中的积极作用。各国知识产权利益依赖于国家主权的维护。在知识产权全球化进程中，发达国家已经居于主导地位，并利用不同于欠发达国家的国际地位，以全球治理的名义干涉国际组织

---

①② 参见周延召、谢晓娟：《全球治理与国家主权》，《马克思主义与现实》2003 年第 3 期。

③ 参见俞可平：《全球化与国家主权》，社会科学文献出版社 2004 年版，第 46 页。

的正常运行，甚至借机干预欠发达国家内政。对此，欠发达国家在维持合作关系的同时也不能忽视国家主权的安全与稳定，发达国家应致力于实现多方共赢，实现全球知识产权治理的顺利和持续开展，并获得广泛支持。最后，维护好全球知识产权治理与国家主权的相辅相成关系。全球知识产权治理与国家主权之间并非矛盾对立的关系，全球治理更不会侵蚀或弱化国家主权。相反，应当发挥主权国家在全球治理中的主要作用，通过主权国家保护公民的合法权益，维护公民的活动秩序并强化国家主权，为全球治理提供相对稳定的政治和经济环境。

二、与发达国家进行差别化知识产权合作

近年来，发达国家主导的 FTA 和双边经贸协定中知识产权条款基本体现了 TRIPS-Plus 标准。以美国和欧盟为代表的发达国家和地区将域内法的规定通过移植进而形成高标准的 TRIPS-Plus 条款，强势输出超强知识产权保护与执法标准的知识产权战略。各国家之间的知识产权协作共建应根据不同对象采取差别策略，对未签订 FTA 的国家和地区，各国首先应该根据本国国情，延续在国际知识产权协作治理的基本立场，不盲目提高知识产权的保护水平。针对美国因奉行"美国优先"原则，对各国实行完全单边主义政策，启动"特别 301 调查"[①] 的责难行为，各国不应刻意回避，而应主动应对，既要从宏观上把握好认识尺

---

① 参见廖文龙、董新凯、翁鸣：《中美贸易摩擦背景下中国—东盟知识产权治理新秩序构建研究》,《改革与战略》2020 年第 11 期。

度，又要从微观上处理好技术环节。① 同时，积极应对美国"特别301调查"明确指出的执法措施，明确知识产权侵权损害赔偿在FTA知识产权条款中的具体规定。其次，各国应立足本国当前与知识产权相关产业的发展实际，在涉及数字网络版权产业等优势领域，可考虑与美国和欧盟等发达国家进行同等利益的合作。例如，各国应在保护人权发展的规定上主动调整本国的知识产权保护范围。最后，在FTA谈判过程中，在不影响知识产权核心利益的前提下，可以在个别知识产权条款的选择上作出必要的让步，逐步提高本国的知识产权保护水平，与缔约方国内知识产权保护水平相适应。另外各国对未加入的发达国家FTA应持积极开放态度②，力争从被动受制转为主动融入。

对于已签订FTA的发达国家及正在谈判的发达国家须进一步升级优化现有的知识产权条款。升级的重点主要有两方面，一是推动相关规则与知识产权双边经贸的实际发展需求相适应。在双边经贸谈判中，针对《TRIPS协定》中较为保守和笼统的知识产权条款达成实质性共识，利用版权领域的网络技术保护措施、权利管理信息、临时复制、邻接权保护等条款推动国际版权贸易产生积极效果。③ 二是在双边协作过程中

---

① 丛立先：《〈跨太平洋伙伴关系协议〉知识产权谈判对我国的影响及其应对策略》，《国际论坛》2014年第5期。

② 《对加入CPTPP持积极开放态度》，中国商务部网，http://www.mofcom.gov.cn/article/i/jyjl/j/202011/20201103017232.shtml，2023年8月3日。

③ 参见刘慧、马治国：《中国自由贸易协定中的版权战略构建研究》，《大连理工大学学报（社会科学版）》2020年第3期。

致力于推动多边知识产权贸易。当前，CPTPP 等区域性条约的签署导致部分缔约国的知识产权保护水平超出了《TRIPS 协定》的标准，但各国应避免因知识产权保护水平的提升而造成与 FTA 缔约方规则的冲突，统筹好各 FTA 关于知识产权条款内容的规定，确保签署的国际知识产权条约规则明确、保护标准一致，使优化后的 FTA 对双边和多边知识产权贸易起到明显的推动作用。

三、妥善解决与发展中国家的知识产权冲突

相比发达国家，新兴经济体和其他发展中国家之间的关系可能更为复杂，也更加具有挑战性。作为世界第二大经济体和知识产品贸易大国，首先，中国应充分利用好"机制转移"[①]，把握与各发展中国家之间的共同利益，获得发展中国家的支持，加深与发展中国家在知识产权领域的"南南合作"，提升 FTA 的知识产权条款设计能力和谈判能力。[②]克服"TRIPS 标准"的制度局限，扩大保护类目范围，在民间文艺版权等特定领域强化中国在 FTA 版权条款制定中的话语权。其次，在中国科技经济水平提高的过程中，发挥自身与知识产权相关产业的优势，积极构建与中国现阶段知识产权发展水平相适应的知识产权双边合作策略，例如，在版权领域增加关于版权技术措施、数字技术、网络技术、网络平台责任、计算机软件保护等条款，进一步推动中国优势知识产权

---

① 万勇：《知识产权全球治理体系改革的中国方案》，《知识产权》2020 年第 2 期。

② 参见［美］迈尔斯·凯勒：《新兴大国与全球治理的未来》，游腾飞编译，《学习与探索》2014 年第 10 期。

产业的发展。在这一过程中，要尤为注意中国和其他发展中国家因经济科技差距拉大而导致的知识产权立场差异。在关注与发达国家的知识产权冲突的同时，提前做好应对中国与其他发展中国家知识产权冲突的准备，妥善解决与发展中国家之间潜在的知识产权冲突、处理好与发展中国家的知识产权关系。最后，中国可借鉴学习发达国家预先设定 FTA 知识产权条款范本的实践做法，固化和具体化通用性条款，后续再根据缔约方实际情况增加知识产权权利限制与例外方面规定，例如借鉴日本 FTA 关注优先事项的点面结合模式，在实体标准方面明确规定适用《TRIPS 协定》的标准，在优先关注事项如技术转移、遗传资源和传统知识保护等方面，提出具体要求①，有利于解决中国现有 FTA 的知识产权章节松散合作和软性协调模式的弊端。

四、为欠发达国家提供知识产权援助

美国主导的知识产权治理的特点是试图以发达国家高标准的知识产权保护要求来覆盖全球，而不考虑各国的发展程度。然而，由于高水平的创新成果和知识产权主要掌握在发达国家手中，欠发达国家所拥有的知识产权相对较少，因此高水平的知识产权保护更多地维护了发达国家的利益。②欠发达国家只能被迫接受对发达国家有利的利益分配方案。这导致欠发达国家收益有限，无力进行大规模的创新投入，使其创新成果和知识产权产

---

① 参见杨静、朱雪忠：《中国自由贸易协定知识产权范本建设研究——以应对 TRIPs-plus 扩张为视角》，《现代法学》2012 年第 2 期。

② 参见廖文龙、董新凯、嗡鸣：《中美贸易摩擦背景下中国—东盟知识产权治理新秩序构建研究》，《改革与战略》2020 年第 11 期。

出远远落后于发达国家。随着时间的推移，发达国家和欠发达国家之间的技术鸿沟和经济实力差距越来越大，造成两极分化现象越来越严重。

对此，在当前阶段，应当采取以非商业转让为主、以市场机制为辅的形式，对欠发达国家提供技术援助。非商业性转让机制的建立应构建政府间促进绿色技术援助合作机构，通过该机构指导和协调以及监督各国的技术援助活动，促进技术需求方和技术供给方之间的技术与信息交流。同时，通过政府间促进技术转让合作机构还能磋商和执行技术援助的相关政策，为技术援助提供有效激励。除了构建政府间促进技术援助合作机构外，还可以考虑相关技术的联合开发。① 联合开发主要是指联合欠发达国家共同进行技术开发，弥补技术研发中可能遇到的周期长、风险大等缺陷。在具体开展措施上，应当以分析欠发达国家消费特征为基础，综合考量其国内经济发展水平和技术的需求等因素，共同出资开发所需要的技术。对于联合开发的技术成果，应当在前期就对出资比例协商一致，在开发过程中共担技术风险，对于开发结果也实现技术共享。在经济全球化的背景下，联合开发的方式对于促进生产要素在全球范围内合理配置，以最终实现与发达国家达到相近的经济发展水平具有重要意义。

第二节　发挥非政府组织的知识产权协作治理作用

政府间协作受政治框架限制，难以灵活应对瞬息万变的形势。同时

---

① 毛锐：《经济学视角下绿色专利国际转让与许可制度研究》，《经济问题探索》2015 年第 12 期。

政府也难以与他国国民近距离接触，直接影响他国的社会思维，而非政府组织能够发挥政府难以起到的作用。对此，首先要重视非政府组织在全球知识产权治理中的作用。其次，在 WIPO TISCs、WIPO GREEN、WIPO Match 等现有合作平台基础上，根据全球知识产权发展需求，适时开拓更广阔的合作平台。

一、重视并支持非政府组织参与全球知识产权治理

在经济、政治、文化和法律的全球化背景下，除了主权国家政府，各种形式的组织如非政府组织等通过多种渠道影响政府决策和国家间关系，成为知识产权全球治理的主体之一。中国政府在"十二五"期间就开始将一些非核心的职能转移到非政府组织。2010 年通过的《中共中央关于制定国民经济和社会发展第十二个五年规划的建议》明确提出，减少政府对社会微观经济活动的干预，转变政府职能，注重培育、扶持和依法管理社会组织，支持和引导其参与社会管理和服务。[①] 非政府组织通过提供多样化的公共服务、反映公众需求、提出合理意见或建议，为政策制定提供依据。因此，全球治理必须通过非政府组织等组织对全球治理提供动力。[②] 当前，知识产权全球治理越来越重视社会主体的作用，非政府组织也越来越发挥不可替代的作用。无国界医生组织、绿色和平组织等非政府组织在知识产权公共产品供给方面的积极作用引人注目。

---

① 徐顽强、王守文：《非政府组织参与知识产权保护的中国模式：角色定位与路径选择》，《知识产权》2012 年第 9 期。

② 参见［英］戴维·赫尔德等：《全球大变革：全球化时代的政治、经济与文化》，杨雪冬等译，社会科学出版社 2001 年版，第 70 页。

在非政府组织作用的发挥上，首先可以通过非政府组织培养各国代表们一致的知识产权立场，防止因各个国际组织代表的更换而失去与非政府组织的联络。其次，通过非政府组织建设发展中国家代表的谈判能力。在知识产权利益集团的资助下，发达国家代表们往往在知识产权信息和能力上作出了充足的准备，相应地具备较高的知识产权谈判能力。但发展中国家代表的谈判能力总体上较弱，不及发达国家。因此，非政府组织可以发挥知识产权方面的专业能力，为发展中国家提供专业协助，提高知识产权谈判能力。最后，通过非政府组织协助各国不同部门的代表达成知识产权立场共识。由于各国通常对于同一时期的谈判，以及涉及不同领域的知识产权谈判会派出不同部门甚至不同代表参加，这可能在代表们的立场，尤其是具体观点上产生不一致的风险。例如 WTO、WIPO 和《生物多样性公约》缔约国都十分关注遗传资源来源披露的问题。此时各国非政府组织可以协调好各谈判代表之间的立场和策略，使得同一国家的谈判代表们在不同国际组织间保持一致性。

中国在通过社会组织发挥全球知识产权治作用的过程中，首先可以采取自上而下的顶层设计和自下而上的民主立法相结合方式，构建"党委领导、政府负责、社会协调、公众参与"的国家治理机制，实现四者之间良性互动和有机合作 ①，既发挥政府的主导作用，又提高各方的协

---

① 参见吴汉东：《国家治理能力现代化与法治化问题研究》，《法学评论》2015 年第 5 期。

作配合能力。① 与此同时，应制订工作计划并设立专项基金，以支持构建各类型非政府组织平台，如新型国家智库、企业联盟和行业协会等。通过这些平台，可以采取政府以外的"二轨外交"方式，推进"中国议题"和"中国方案"，从而积极地影响国际知识产权格局。其次，有意识地培育市民社会，在国内治理中为公民个体提供参与国内知识产权治理的机会，提升公民的公共精神和参与能力，为参与全球知识产权治理奠定基础。争取在短时间内提高中国参与的非政府组织的数量，并提升参与非政府组织事务的能力、素质以及社会影响力等，尤其要加快融入非政府组织的国际化程度。最后，借鉴国外经验，为行业协会、中介组织、各类智库以及其他社会组织参与知识产权国际对话提供更多渠道和便利，提升中国知识产权的国际影响力。② 拓宽知识产权公共外交渠道、促进企业参与国际和区域性知识产权规则制定以及推动国内服务机构和产业联盟与国外相关组织加强合作交流等。

二、广泛开拓非政府组织国际合作平台

在 WIPO 等国际组织的现有合作平台基础上，应根据全球知识产权发展需求，适时在环境保护、健康和遗传资源等领域形成互融共建的协作治理。

绿色和平组织（Green Peace）是一个环保型非政府组织，服务于

---

① 参见王淇：《自由贸易协定知识产权谈判研究》，《科技促进发展》2016 年第 12 期。

② 参见谢小勇：《知识产权强国建设国际合作战略研究》，《科技促进发展》2016 年第 4 期。

森林保护、气候变暖与可再生能源、有毒物质污染、海洋生态保护、核武器与核能以及生物安全，其工作主要分为三大部分：气候与能源、保护生物多样性以及可持续生活。① 中国应积极把握绿色和平组织的平台机遇。在能源方面，联合其他国家逐步摆脱对煤炭的过度依赖，倡导可再生能源革命，并在全球的应对气候变化和低碳发展中发挥更重要的作用。在气候风险方面，提升公众和各利益相关方对气候变化的关注、科学认知与参与意愿，同时参与联合国气候变化谈判，助力地方政府、企业和公众探索多样化、系统性解决方案。在数字经济方面，推动全球信息通信行业，包括电子制造、数据中心、互联网科技行业等，和大型与超大型互联网平台企业，成为应对气候变化以及迈向碳中和的先锋力量，带动行业伙伴共同迈向碳中和。在清洁能源创新方面，探索能源行业创新技术和商业模式，通过对接资源和共创解决方案，推动清洁能源蓬勃发展，加快能源行业脱碳。在零碳交通方面，聚焦交通领域低碳转型，推动汽车电动化以及动力电池等关键零部件的绿色生产与资源再利用，实现出行低碳化、资源减量化、废弃产品资源化的目标。在气候投融资方面，通过改善投资机构气候信息的披露、提升数据可靠性以及投资路径可预期性，增强世界各国气候投融资机构对实现气候目标的支持。

国际健康行动（Health Action International，HAI）成立于 1981 年，

---

① "What We Do：Greenpeace in East Asia"，https://www.greenpeace.org/eastasia/explore/，2023 年 8 月 3 日。

致力于增加基本药品的可获得性并推动基本药品的合理使用。HAI 的使命是维护社会公平，解决贫穷和社会不公正这两大健康和可持续发展的障碍。该组织主张平等参与决策和资源分配①，以确保每个人都能享有平等的健康权益。多年来，HAI 一直密切关注欧洲药品相关机构的政策和发展。在欧洲公众药品信息的评估和谈判方面，HAI 扮演了积极的角色，旨在最大化欧洲公民在药品政策的公共健康中的利益。中国应把握 HAI 的合作路径，既要致力于识别和解决全球胰岛素市场的不公平和低效率问题②，努力提高胰岛素的获得数量；又要重点理解和反思人工智能或自动决策在研究、宣传和传播活动中的影响，加强现有的药物政策专业知识。在可参与事项上，一是研究人工智能或自动化决策在临床试验设计、实施和解释中的应用，以及它对卫生技术评估过程的影响，同时提高社会公众对卫生人工智能缺乏监管的认识。二是继续与欧洲议会、欧洲药品管理局和欧盟成员国的国家议会合作。③防止人工智能对患者的健康、福祉和基本权利等方面潜在风险的扩大，杜绝人工智能对关键人群在年龄、性别认同、性取向、文化认同、族裔和种族、（数字）扫盲、残疾和（精神）健康状况、居住身份相关的多层次不平等，尤其

---

① 参见 "Vision，Mission & Impact"，Health Action International，https://haiweb.org/governance/members/vissionmissionimpact/，2023 年 8 月 3 日。

② 参见 "Access to Insulin"，Health Action International，https://haiweb.org/projects/acciss-study/，2023 年 8 月 3 日。

③ 参见 "Artificial Intelligence and Medicines"，Health Action International，https://haiweb.org/projects/artificial-intelligence-and-medicines/，2023 年 8 月 3 日。

是人工智能在医疗保健领域的使用可能会对侵犯患者的隐私和数据保护权带来的风险。[①] 在具体的协作措施上，一是要注意引入防范措施，防止在医疗保健领域不道德地使用人工智能。二是确保个人资料和机密性得到强有力的保护。三是建立跨国的公共系统，记录卫生人工智能系统的相关使用情况，并向有关患者通报其使用情况。四是加强人工智能医疗器械上市审批程序。要求所有卫生人工智能系统，而不仅仅是高风险系统，都要在公共数据库中注册。五是要求所有卫生人工智能系统接受影响和道德评估，并接受监督，加强对个人健康数据的保护。六是投资发展数字素养教育。为所有需要创新疗法的人改善基础设施、机会、手段、获取途径和服务。提高责任承受者和保健从业人员对培训数据偏差风险和关键人群危险的认识，并开展专业培训。七是提高医疗保健领域人工智能数据集的广度和质量。

国际遗传资源行动（Genetic Resources Action International，GRAIN）于 1990 年成立于西班牙，其目标是加深公众对塑造全球和地方粮食系统的力量，及其对农业和粮食安全的影响的理解，并支持社会运动和民间社会组织推进粮食主权。GRAIN 长期以来一直活跃在网络、能力分享、联合人员及支持组织和活动的策略发展上[②]，并致力于种子问题和

---

① 参见 "AI and Health Inequalities in the EU"，Health Action International，https://haiweb.org/ai-and-health-inequalities-in-the-eu/，2023 年 8 月 3 日。

② 参见 "Green Programme"，GRAIN，https://grain.org/en/pages/programme，2023 年 8 月 3 日。

粮食主权。种子问题是近 30 年前 GRAIN 启动的原因，也是各国在遗传资源领域应积极携手协作的重心。农民田间的生物多样性正以惊人的速度受到侵蚀，而企业种子部门通过推动杂交、转基因生物（GMOs）和集中种植，正在达到前所未有的控制水平。中国在参与 GRAIN 的合作过程中，应倡导各国注重解决种子问题以及气候危机和粮食危机两方面的问题。在种子问题上，倡导各国政府应平衡好各方面的关系，分别是赋予企业部门专属权力，同时限制小农户保存、交换和进一步发展自己品种可能性的种子和知识产权法律，以及允许公众使用当地原材料。气候危机和粮食危机密切相关，从农场到超市的工业化食品体系对两者都负有主要责任。[①] 在气候危机和粮食危机问题上，倡导各国应注重工业化农业和集中式供应链在造成气候危机方面的责任，以及粮食主权和农民主导的农业生态学为解决这一问题提供的巨大潜力。通过持续的协同与合作，以及积极制定战略和与有关社会运动建立联盟，来解决因粮食危机带来的气候危机。

第三节　拓展外交会议等多角度协作治理面向

随着国际交往的深入发展，知识产权扩展到国际外交和国际政治等方方面面。在知识产权外交中，要创新与知识产权大国的外交模式，拓展与发达国家、发展中国家和欠发达国家的战略关系。在全球知识产权

[①] 参见 "Green Programme"，GRAIN，https://grain.org/en/pages/programme，2023 年 8 月 3 日。

政治协作中，关注各国政策与全球制度的关联，利用多边论坛创新具有道义优势的新体制。

一、完善知识产权总体外交布局

在中国的外交实践中，首脑外交、政党外交、议会外交、经济外交和文化外交等都具有重要意义。[①] 党的二十大提出了"完善外交总体布局，积极建设覆盖全球的伙伴关系网络，推动构建新型国际关系"的目标。随着经济和科技全球化的加深，知识产权在国际贸易中的地位和作用日益提升，也成为了外交议题的重要组成，并在国家外交中的地位和作用越来越突出。知识产权外交是指主权国家围绕知识产权问题展开的对外交往活动，包括磋商、谈判、交涉、条约缔结、参与国际会议和组织等[②]，与传统的政治外交、经济外交、科技外交等一样，成为当前国际形势下整体外交的组成部分。尤其在面对气候变化、能源短缺、粮食安全、重大疾病预防和治疗等全球性问题时，知识产权的作用愈发凸显，并成为了国家首脑双边和多边会谈的重要议题。

当前，中国在知识产权外交方面面临着复杂严峻的环境，包括国际和国内的双重挑战。在国际外交中，贸易保护主义抬头，使知识产权成为新型贸易壁垒，特别是对新兴市场国家形成巨大的竞争压力。此外，发达国家还采取会展及边境知识产权执法、将知识产权与技术标准结

---

① 参见张清敏：《社会变迁背景下的中国外交决策评析》，《国际政治研究》2006 年第 1 期。

② 参见董涛：《全球知识产权治理结构演进与变迁——后 TRIPs 时代国际知识产权格局的发展》，《中国软科学》2017 年第 12 期。

合、提起知识产权诉讼、诉诸 WTO 等手段保护本国产业利益。在国内外交权配置方面，知识产权外交仍然处于次要地位。虽然从 20 世纪中美三次知识产权协定到"入世"谈判，知识产权在中国整体外交格局中被视为其他领域获得更多利益的筹码[①]，却未能成为需要积极构建的独立领域。

中国知识产权外交的使命是为全球布局中的中国创新提供制度预案。为实现这一目标，中国需要明确新形势下中国知识产权外交策略的路径选择，推动建立"普惠包容"的国际知识产权新秩序。

首先，优化在外交活动中提出国际诉求的方式。一是重新整合知识产权外交部门职能。在保持当前外交部总体负责对外交往工作的同时，重新整合中国商务部、国家知识产权局、版权局、市场监督管理局和海关总署等部门在知识产权国际条约谈判、对外联络、合作和交流方面的工作，统筹开展知识产权外交活动，提高中国知识产权外交工作建设的统一性和外交能力。[②] 二是作为发展中大国，需要承担更多责任，将知识产权作为独立的领域来开展外交活动并明确知识产权外交的方向，而不仅仅将其作为交换筹码。三是尊重法治的原则，避免将知识产权保护和执法作为短期的手段来制衡外国企业，使其成为发达国家限制进口竞争、保护本地市场的新型"贸易壁垒"。防止将知识产权反垄

[①]　参见李明德：《"特别 301 条款"与中美知识产权争端》，社会科学文献出版社 2000 年版，第 173—222 页。

[②]　参见王里万：《中国外交分权体系下的议会外交》，《世界经济与政治》2015 年第 11 期。

断执法、高额赔偿和禁止令、标准专利的管制等工具用作国家间施压的筹码。四是在"一带一路"倡议的背景下，随着中国资本和产业在海外的布局，需要意识到仅仅进行基础设施输出还不够，更需要进行良好的制度输出。因为对于企业家而言，政策与法律的引导和支撑① 对于确保投资和交易的安全性至为重要。五是为了推动国际知识产权规则的形成和变革，中国需要改变过去"缓与拖"的外交策略，采取"促与推"的做法，既要充分利用现行框架体制的灵活性，也要改变提出国际诉求的方式，积极参与部分发展中国家发起的发展议程，并努力掌握国际知识产权格局的主导权和话语权。六是在后 TRIPS 时代的大背景下，中美、中欧、中日韩、中非、中国与东盟、中国与南美正在形成不同层次的贸易自由化或经济一体化联盟。对于不同地区、国家和国家集团，中国应采取分层次、有针对性的知识产权外交政策。既要全面提升与全球知识产权大国的合作水平并创新合作模式，又要扩大与新兴国家的战略合作伙伴关系，加强向发展中国家提供技术援助，还要为了维护地缘政治安全，把握亚洲知识产权一体化发展契机，促进与中亚地区的知识产权合作，例如中国应积极参与并主导中国—中亚五国元首外交峰会，并积极构建以我国为中心的亚洲知识产权一体化体系。

其次，构建适合的知识产权外交平台，充分利用现有的国际贸易和

---

① 参见赵微：《航运开道、法律护航，当代海上丝绸之路建设的法治思考》，转载自葛建雄、林毅夫、乔良、汤敏：《改变世界经济地理的一带一路》，上海交通大学出版社 2015 年版，第 116 页。

法律平台，加强合作，推动形成国际知识产权新秩序。在多边外交平台方面，中国可将 WIPO 作为理想的知识产权多边外交平台。通过财政支持、派驻人员、建立特别工作组等方式，参与 WIPO 的日常运作，特别是重要议程的讨论。在处理 WIPO 议题时，中国需要制定可行的保护方案，以应对遗传资源、传统民间文学艺术保护等问题。对于 PCT，中国应继续推动其向提高便利性的方向发展。通过积极构建世界专利制度，完善中国参与国际知识产权的治理结构。除了 WIPO 之外，WTO 也是中国重构国际知识产权格局的重要平台。与加入 WTO 时的情况不同，中国庞大的市场已成为全球跨国公司竞争的焦点。在履行对外承诺的前提下，中国可以充分利用这一资源来支持中国构建的国际知识产权秩序。在美欧试图逃离《TRIPS 协定》的背景下，中国应尽力将其拉回现行知识产权框架协议下。中国还应参与其他涉及知识产权事务的专业国际组织，如国际刑警组织、世界卫生组织、万国邮联、世界海关组织等，在知识产权相关议题的设定和议程安排等方面发挥积极作用。在区域外交平台方面，中国应积极关注并构建区域层面的外交合作平台，将知识产权外交作为促进区域经贸合作和推动经济发展的可靠保障。自 2004 年起，亚太经合组织（APEC）开始关注知识产权问题，并提出建立全面和平衡的知识产权保护体制，以创造鼓励创新和吸引投资的发展环境。①APEC 是一个与美国和日本就知识产权事务进行谈判的良好平

---

① 参见陈福利：《亚太经合组织中的知识产权问题》，《知识产权》2008 年第 2 期。

台，中国需要以更主动积极的态度参与其中。上海合作组织和东盟也是中国知识产权战略中两个重要的合作平台。作为中俄主导的国际合作典范，上海合作组织在知识产权领域签署了《上海合作组织成员国海关关于开展知识产权保护合作的备忘录》等文件，未来的知识产权合作潜力巨大。东盟作为中国的重要贸易伙伴，在经济合作方面有着长期友好的合作传统，因此是中国进行知识产权外交的重点。[①] 发展与上海合作组织和东盟的知识产权外交将成为推进地区一体化建设、维护安全、繁荣和稳定的重要举措。在地方知识产权外事合作平台方面，对于高级别政治问题如国家安全和领土边界等，外交权应归属于中央政府，但在低级别议题如经济和科技事务中，地方政府应享有寻求自主性国际交往的权力，以便为本地获得经济和科技发展机会。也就是说，除国际条约谈判等外交事务外，其他涉及知识产权的外交事务可以在一定程度上由地方行使。改革开放以来，中国地方政府在外交活动方面表现活跃。而且自 20 世纪 80 年代起，许多中国地方省市与国外建立了"姐妹城市"和"友好城市"等伙伴关系，这为知识产权地方外事合作提供了良好的契机。而且，在考虑到中国各地区知识产权发展水平的差异和对知识产权制度的不同需求的基础上，通过构建地方知识产权外事交往平台，给予各地在次国家外交上更大的灵活度，可以不断提升中国在知识产权国际

---

① 参见高兰英、宋志国：《〈2004—2010 年东盟知识产权行动计划〉暨实施述评——兼论其对构建中国—东盟知识产权合作机制的启示》，《广西师范大学学报（哲学社会科学版）》2012 年第 1 期。

竞争与合作方面的水平。

最后，策划知识产权外交工程以推进中国的知识产权国际化进程。一是需要尽快策划并启动知识产权外交工程，建立由外交主管机构协调的部级协调机制。同时，建立由知识产权主管机构牵头，并由地方政府、企业和民间团体组成的专门知识产权外交协调机制。二是尽快实施海外知识产权布局工程。随着中国企业"走出去"的战略实施，中国在海外的资产规模越来越大，因此需要指导和帮助企业在相关的投资和贸易国家有目的、有计划、有针对性地进行知识产权布局，以为海外市场拓展提供知识产权储备和保障。三是尽快启动核心知识产权和精品知识产权的培育工程。建立和完善知识产权质量、市场价值、市场竞争力、控制力和淘汰率等评价指标体系，以支持企业、行业和地方培育更多的知识产权精品，提升海外知识产权布局的质量。四是快速推进国际知识产权信息库建设工程。通过发布相关国家的知识产权法律、制度、知识产权布局和程序规则等信息，为企业的海外知识产权布局和诉讼提供便利渠道，并支持企业和其他市场主体参与国际知识产权事务。对企业的海外投资应进行知识产权评估，以避免不必要的投资损失和纠纷。加快开展"一带一路"知识产权审查员合作与培育工程。国家应投入专项资金，通过项目合作、派遣专家和组织培训等形式，帮助"一带一路"沿线地区和国家建立和完善知识产权制度，搭建检索系统等基础设施，并提供技术支援，以帮助培训相关的知识产权审查人员。五是着力推进海外知识产权保护推进工程。与所在国使馆和企业行会合作，探索建立知识产权调查专员或服务工作站，为企业提供当地知识产权维权援助和诉讼应对服务，以保护和拓展中国在海外的知识产权利益。六是实施知识产权促进贸易结构优化工程。鼓励企业自主开展知识产权产品出口，完善知识产权贸易统计指标体系，研究制定《知识产权商品和服务出口指导目录》，将专利代理、知识产权法律服务等纳入其中，以帮助企业进行更多高附加值贸易活动。培养具有国际化视野和国际知识产权运营能力的知识产权高级人才和服务机构。通过税收和人才等优惠政策，支持国内知识产权服务机构在办理海外知识产权事务方面提供支持。此外，还应培育本土的知识产权国际经营管理公司。成立国际知识产权交易基金，鼓励民间资本设立知识产权并购交易基金，支持企业广泛开展跨国知识产权交易。

二、提升知识产权政治战略互信

除了外交之外，国际政治也是中国参与全球知识产权协作的重要面向之一。尤其是政治协作能够对全球知识产权治理提供有益引领和平衡，蕴含着对全球知识产权问题的独特解释力。在国际政治上，为加强全球知识产权治理的战略互信，世界各国要继续提升在战略互信方面的机制化水平，重视各国文化软效应长期积累所导致的问题，尤其要防止个别国家威胁别国政治安全，排除不安定因素。

首先，加强各国知识产权战略的互信理念。客观评价知识产权战略合作中各方关系的作用与影响力，防止低估和过分夸大，在各国国内知识产权政策作出相应调整后要加强彼此交流与通报，借机促进知识产权战略伙伴关系的加强和提升。深化务实合作，持续健全各级别磋商协作机制。在各国之间的定期会晤中，由各国首脑就共同关心的重大国际与地区问题深入交换意见，为应对全球知识产权危机加强合作共商。其次，加深国家战略互信的知识产权文化共识。做足国际政治关系研究功课，深入了解各国知识产权文化背景，从精神层面搭建知识产权文化传播桥梁和纽带。对于中国而言，优秀的中华传统文化是吸引和影响世界的重要宝藏，要以中华优秀传统文化来提升各国对中国知识产权战略的肯认，并借此深化双边知识产权合作。努力围绕各国家的文化共同点找准文化战略定位，塑造中国在国际舞台上的知识产权文化品牌，进而加快中国知识产权战略的实施步伐。加大知识产权文化产品的创造和生产力度，重视维护和品牌营销工作，激发国内文化市场并培育国外文化消费群休，在高端对外知识产权文化产品方面做大做强。最后，加强国家知识产权战略互信协作。第一，在国际政治交往中要根据具体情况处理好知识产权发展与国家安全之间的关系。以政治交往带动知识产权安全保障，并维持知识产权安全与政治交往相协调。在全球化背景下，把联合国框架内的合作视为维护知识产权安全与实施真正的和潜在的政治伙伴关系的关键方向之一。第二，认识美国因素在国际知识产权领域政治协作中的影响。美国因素虽然是　种外部压力，但对世界各国关系的影响至关重要。美国政治文化中的霸权主义以及经济实力对各国政治干预的力度都非常之大。① 美国等西方国家至今不愿意放弃冷战思维而对各

---

① 参见张薇：《政治文化视域下的中俄战略协作伙伴关系》,《河南师范大学学报（哲学社会科学版）》2009 年第 1 期。

国政治外交施加干预。各国难以同美国在知识产权领域建立真正的战略伙伴关系，甚至通过利用知识产权来遏制和阻止中国的统一和强大。如何在国际知识产权交往中妥善处理与美国的双边知识产权政治关系当然是中国应重点关注的问题之一。[1] 第三，协作制止国内外知识产权领域存在的各种不安定因素和综合性威胁。[2] 各国政治协作的程度很大程度上影响到知识产权可持续发展的成果。确保各国知识产权安全乃至地区和国际的知识产权安全是各国得以政治协作的必要条件。各国既不能盲目乐观也不能对此失去信心，而是应当以协调与合作的方式谋求共同利益和解决冲突，在安全上相互信任、加强合作，坚持用和平方式而不是贸易壁垒等手段解决知识产权领域的国际争端，顺利实现各国知识产权的共同发展与繁荣。

第四节　构建多边、区域及双边协作治理路径

全球知识产权协作治理可依托多边协作、区域协作、双边协作综合开展。在多边协作上合纵连横，在区域协作上互利共赢，在双边协作上采取差异化策略。

一、积极维护知识产权多边协作

逆全球化下，美国企图把知识产权国际保护"引向"双边保护甚至

---

① 刘银良：《国际知识产权政治问题研究》，知识产权出版社 2014 年版，第 305 页。

② 参见冯青椒：《中俄战略关系的内涵变化：从政治战略协作到国家发展战略协调》，《教学与研究》2009 年第 4 期。

单边保护层面。中国的科技发展水平及知识产权保护实力虽有长足发展，但与美国、欧盟等老牌的科技强国和地区相比，仍有一定差距。如果中国直接与美国、欧盟这些知识产权强国开展知识产权双边保护，未必最符合中国的当下利益。而倡导在知识产权国际保护的多边平台上探讨知识产权国际保护事宜，中国通过与广大发展中国家"抱团"，能与美国、欧盟这些知识产权强国相抗衡，可以更好地维护中国的当下利益。因此，中国在知识产权国际保护上应继续维护多边合作。

首先，要坚定支持 WTO 多边体制。WTO 的前身是关税与贸易总协定（GATT），1986 年，随着中国向 GATT 提交了关于恢复中国 GATT 缔约国地位的申请，中国正式开启了复关谈判的历史进程。1995 年，WTO 成立后，中国的复关谈判转换为入世谈判，于 2001 年正式加入了 WTO。加入 WTO 后，中国广泛参与谈判并提交诸多重要建议，实现了中国经济与世界经济持续融合发展，并成为了世界经济发展的重要引擎之一。尤其是党的十八大以来，在习近平总书记的带领下，中国不断为 WTO 贸易体制的完善注入新动能。2013 年，中国在上海建立了第一个自由贸易试验区，并相继共建立了 20 余个自由贸易试验区和海南自由贸易港，成为了国际直接投资的最大目的地国家之一。2020 年中国货物进出口总额居全球货物贸易总额第一位，并成为了全球最大的外资流入国。未来，中国仍应当将 WTO 作为当前世界上最重要的知识产权国际保护多边平台，正视 WTO 框架下的贸易与知识产权的关系，将国际贸易中的原则和规定延伸至知识产权国际保护。维护包括 WTO 争端解决机制在内的知识产权国际保护体系，完善知识产权国际保护的执法程序和保护措施，推动知识产权国际保护的发展。团结欧盟以及其他在现有 WTO 体系中拥有重要话语权的发达国家和地区继续支持多边体制。联合具有类似国情与现实利益的发展中国家遏制美国推行的贸易保护主义 ① 和单边制裁措施，追求"全球化"的发展目标 ②，积极参与 WTO 多边机制的知识产权议题和法律规则标准制定，提升议题设定能力和话语输出能力。③

其次，积极参与 WIPO 框架下的多边事务。WIPO 是重要的知识产权国际保护的政府间国际组织，建立起了内容完整、制度体系完备的知识产权国际保护协调机制。中国于 1980 年正式加入 WIPO，成为了 WIPO 的第 90 个成员国，当前几乎所有联合国成员国也均已加入了 WIPO 主导的知识产权国际保护体系之中。WIPO 现管理着 20 余个知识产权国际条约，例如中国 1989 年加入的《商标国际注册马德里协定》、1994 年加入的《专利合作条约》等，这些条约几乎涵盖了所有知识产权的权利客体，包括提供实质性知识产权国际保护的条约，以及建立了知识产权国际保护体系的条约，还有建立知识产权国际保护分类的条约。2014 年，WIPO 在北京设立了中国办事处，这也是继美国、日本、新加坡、巴西之后，WIPO 在中国设立的第五个驻外办事处。2017

---

① ②　易继明、孙那：《美国知识产权政策走向及其对中国的影响——从美国总统特朗普执政角度的一个初步分析》，《国际贸易》2017 年第 3 期。

③　朱雪忠、杨静：《中国知识产权话语策略研究：基于话语与秩序相互建构的视角》,《中国软科学》2017 年第 5 期。

年 5 月 14 日，在"一带一路"国际合作高峰论坛期间，中国国家知识产权局局长申长雨和 WIPO 总干事弗朗西斯·高锐（Francis Gurry）在京共同签署了《中华人民共和国政府和世界知识产权组织加强"一带一路"知识产权合作协议》，成为了中国政府与国际组织签署的首个有关"一带一路"知识产权合作的文件。2019 年，中国通过《专利合作条约》提交的专利申请数量超过美国，跃升至第一位，成为提交国际专利申请量最多的国家。同年，中国通过马德里体系提交的国际商标申请量位居全球第三。未来在参与 WIPO 多边事务的过程中，中国应继续在全球范围大力推广马德里商标国际注册体系和国际专利合作条约体系，呼吁更多的中国企业采用 WIPO 平台中的马德里商标国际注册体系和国际专利合作条约体系，便捷快速地在外国申请商标和专利。同时，中国要善于运用国际主流话语体系反映自己的利益诉求，主动接受和推行主流知识产权话语体系，在参与全球治理方面居于高端和前沿 [①]，逐步提升国际话语权，并贡献"中国智慧"。

二、深入推进知识产权区域协作

中国是"一带一路"倡议的发起国，同时也是 RCEP 成员国中不可或缺的主导力量，还是东盟重要的贸易伙伴国。在中国已经加入 RCEP 并提出了"一带一路"倡议的基础上，未来深化知识产权区域协作的路径是将与 RCEP 成员国的协作和"一带一路"倡议相互联结，同时在与

---

① 万勇：《知识产权全球治理体系改革的中国方案》，《知识产权》2020 年第 2 期。

东盟和 CPTPP 成员国协作过程中努力提升话语权。

RCEP 成员国与"一带一路"沿线国家是中国重要的区域协作伙伴，且具有一定的重合性。RCEP 成员国不仅包括东盟等主要沿线国家，还包括了韩国和日本等发达国家，共同促进区域经济繁荣发展。"一带一路"是古代丝绸之路现代化的新形式，其任务之一就是同周边的国家和地区建立和谐稳定的经济合作伙伴关系，共同发展共谋福利。未来，中国应进一步带动 RCEP 成员国与"一带一路"沿线国家的共同协作。一是利用"一带一路"高峰论坛等平台，在维护多边机制的前提下，促进各国对话，积极推动 RCEP 成员国和"一带一路"沿线国家支持全球知识产权治理体系的实践成果。二是在构建 RCEP 成员国之间知识产权协作模式的过程中，可以率先在区域内重要国家范围内的重点领域开展协商与对话，通过建立自由贸易区等方式积累协作经验，并为未来开展统一的区域性知识产权协作打下基础。例如中、日、韩三国都是 RCEP 的缔约国，RCEP 的签署使得三国间的经贸关系更上一层台阶，中国可以在 RCEP 建设的过程中，先深入展开和韩国之间的沟通协作，在完善好 RCEP 的基础上推动中日韩自贸区向更高层次发展。三是有针对性地将"一带一路"沿线国家间的协作同 RCEP 成员国之间的协作相联结。这样一方面能扩大协作范围和伙伴关系，另一方面也能提升中国在周边国家间的话语权。

东盟和 CPTPP 也是区域协作的重要平台，并且东盟已经从 2020 年开始成为了中国的重要贸易伙伴。未来，双方可继续深化经贸合作。一是通过加强协商、信息交流与共享等机制来减少各国在知识产权产业、制度和文化等方面存在的差异。二是充分利用区域合作论坛，如中国—东盟打击侵权假冒合作发展论坛等，举办专题会议并完善会议机制，使其达成的成果对各国产生更大的影响力，从而促进不同区域、国家之间知识产权制度和文化的协调与融合。三是在与CPTPP成员国的协作上，要更加重视在边境措施、竞争规制等方面的协作，同时将中国与CPTPP成员国之间的区域协作和中国与东盟国家的区域协作相互关联，通过协作缓和知识产权司法和执法的地域限制，争取进一步扩大协作国家的范围，在未来亚太经济一体化过程中掌握足够的话语权。

三、持续扩大知识产权双边协作

基于世界各国的不同知识产权发展水平，中国在同其他国家开展协作的过程中也应当采取差异化的协作策略。

第一，扩大与周边国家的知识产权双边协作。中国是世界上邻国最多的国家，与周边国家的知识产权双边合作历来备受我国重视，并且取得了丰硕成果。2017年9月21日，中国与柬埔寨签署了《中国国家知识产权局与柬埔寨王国工业及手工业部关于知识产权合作的谅解备忘录》，明确经中国国家知识产权局授权且维持有效的发明专利，可直接在柬登记生效并获得保护。[①]2018年4月2日，中国与老挝签署了《中

---

① 《中国国家知识产权局与柬埔寨王国工业及手工业部签署专利权在柬生效协议》，http://www.nipso.cn/onews.asp?id=38100，国家知识产权战略网，2023年8月3日。

华人民共和国国家知识产权局与老挝人民民主共和国科技部知识产权领域合作谅解备忘录》，根据该谅解备忘录，老挝对中国发明专利审查结果予以认可。① 随着中国知识产权综合国力的不断增强，未来要注意在与周边国家的双边知识产权协作过程中，既要通过相关举措便利中国知识产权主体的海外申请工作，更要重视对周边国家经济与科技发展产生积极影响，促进双边企业相互投资和互联互通。

第二，加强与非洲和拉美地区发展中国家的团结合作。中国应持续扩大与非洲和拉美地区发展中国家在知识产权领域的双边合作。一方面，中国要为广大发展中国家发展知识产权保护事业提供中国方案，向发展中国家推广在知识产权方面取得的成熟经验。另一方面，中国应在知识产权国际保护规则制定中代表广大发展中国家的利益，增强发展中国家在知识产权国际保护中的代表性和发言权。通过与非洲和拉美地区发展中国家分享知识产权保护方面的成功经验，从而提升中国的国际形象，乃至进一步引领知识产权国际保护的发展方向。②

第三，扩大与传统伙伴和区域重点国家的双边合作。加强与传统伙伴和区域重点国家的团结合作，是中国外交的国家战略。一方面，中国应向传统伙伴和区域重点国家推广介绍中国的知识产权制度。中国的知识产权制度自改革开放以来已取得巨大成就，不仅建立起了完善的知

① 《中老签署首份知识产权领域合作谅解备忘录》，http://www.gov.cn/xinwen/2018-04/05/content_5280070.htm，中国政府网，2023 年 8 月 3 日。

② 易继明、初萌：《后 TRIPS 时代知识产权国际保护的新发展及我国的应对》，《知识产权》2020 年第 2 期。

识产权保护制度体系，而且在部分领域取得了世界领先的成就，有力回应了中国不保护知识产权的质疑。另一方面，中国应与传统伙伴和区域重点国家在知识产权领域加强交流合作，中国应广泛借鉴传统伙伴和区域重点国家在知识产权制度、政策等方面的先进经验，进一步引进传统伙伴和区域重点国家的技术、人才、信息等优质资源以更好地服务中国经济社会发展。例如，中国自 2011 年首先与日本启动专利审查高速路（PPH）双边合作试点以来，已与日本、美国、德国、韩国、俄罗斯、丹麦等多个国外专利审查机构建立了 PPH 双边合作。通过与国外专利审查机构的 PPH 双边合作机制，中国企业能更便捷地在国外进行专利布局。PPH 加快了专利审查速度，同时也为申请人节省了费用。PPH 对于专利申请人来说，有以下优点：一是减少了通知书的发放次数，从而减少答复次数和各种相关费用；二是提高了申请授权的概率。

第五章

优化全球知识产权治理的具体制度

在参与制定全球知识产权治理具体制度的过程中，不应绝对秉持发展中国家或发达国家的单一立场，而是应当综合权衡本国的基本国情、优势利益、发展需求等各方面因素，因势利导地引导全球制度充分体现本国的利益需求。[1] 因此，尽管中国属于发展中国家，从一贯坚持的方向上来看应坚持发展中国家的基本立场，为广大发展中国家谋取更为公正合理的全球知识产权制度秩序。[2] 但不可忽视的是，中国已经成为名副其实的知识产权大国，尽管这还不意味着是知识产权强国，但却表明中国已经不是知识产权弱国。因此，在参与知识产权国际制度建设时，中国与发展中国家的诉求可能并不一致。[3] 尤其是随着中国科技创新能力的不断提升，在许多知识产权具体制度的安排上更加接近发达国家的立场。[4]

---

[1] 参见杜颖：《知识产权国际保护制度的新发展及中国路径选择》，《法学家》2016 年第 3 期。

[2] 参见吴汉东：《中国知识产权法律变迁的基本面向》，《中国社会科学》2018 年第 8 期。

[3] 参见徐元：《我国参与国际知识产权秩序构建的角色定位与立场选择》，《太平洋学报》2019 年第 1 期。

[4] 参见 K. Zeng，W. Liang，*Research Handbook on Trade Wars*，Massachusetts：Edward Elgar Publishing，2022，pp.271—287。

第一节 促进实体规则和程序规则的统一与趋同

尽管全球知识产权治理的多边体系面临重重障碍，但在知识产权贸易全球化的大背景下，应进一步弱化知识产权的地域效力，减少因法域差异产生的冲突。

一、顺应知识产权地域效力弱化的趋势

知识产权的效力受到地域限制，一般只在授予国有效。因此，一项知识产权若想获得其他国家的保护，知识产权权利人需要按照当地法律规定进行登记注册或审查批准。[①] 但是随着全球经贸活动和科技进步的发展，全球知识产权市场不断成熟，这导致全球知识产品需求与知识产权地域效力之间的矛盾日益凸显，造成知识产权具体规则上的国家独立性面临着巨大的压力。[②] 为了解决这些问题，世界各国应正视知识产权地域效力的弱化并顺应该趋势。一是要坚持最惠国待遇原则。禁止 WTO 成员在对待国外产品时进行歧视，或偏袒某个成员的产品优于其他成员的待遇。任何一个成员提供给另一个成员国民的利益、优惠、特权或豁免应当立即、无条件地给予所有其他成员的国民。[③] 除特定事项外，两个成员之间的单边行为或双边协议，提供更强的保护（即

[①] 参见吴汉东：《知识产权基本问题研究（总论）》，中国人民大学出版社 2009 年版，第 25 页。

[②] 参见 G.B. Dinwoodie，"The Architecture of the International Intellectual Property System"，*Chicago-Kent Law Review*，Vol.77，No.3，Jun. 2002。

[③] 参见 TRIPS，Article 4。

超 TRIPS 保护或 TRIPS-Plus）或改善注册程序等优惠措施都必须扩展到所有 WTO 成员，以避免违反《TRIPS 协定》的义务。[①] 将最惠国待遇原则和国民待遇原则可以相互结合，形成实体法的统一平台。[②] 二是要贯彻落实最低限度保护原则、独立性原则和国民待遇原则这三个重要原则。各国政府通过践行最低限度保护原则进而在全球范围内形成相对统一的知识产权制度和规则并将其转化为国内法。通过践行独立性原则实现同一知识产品在各国获得的权利互不影响，并依据缔约国的法律为知识产品所有人的权利提供保护。通过践行国民待遇原则使得各缔约国在国际知识产权保护上给予对方国民平等待遇，并为其他所有缔约国的国民提供与本国国民同等的待遇。[③] 三是融入地区经济一体化进程。各国在独立进行价值判断和制度选择的过程中[④]，应积极将分散在世界各地的知识中心整合到全球网络中。[⑤] 既发挥本国立法促进知识生产和传播的重要作用，又将全球化带来的潜在利益在全球范围内进行公平

[①] 参见 T. Cottier, "The Agreement on Trade-Related Aspects of Intellectual Property Rights", in Appleton A.E. & Plummer M.G., *The World Trade Organization*：*Legal, Economic and Political Analysis*, Berlin：Springer Science + Business Media, 2005, pp.1043, 1068。

[②] 参见 G.E. Evans, *Lawmaking under the Trade Constitution*：*A Study in Legislating by the World Trade Organization*, The Hague：Kluwer Law International, 2001, p.246。

[③] 参见吴汉东：《知识产权基本问题研究（总论）》，中国人民大学出版社 2009 年版，第 25 页。

[④] 参见何隽：《全球化时代知识产权制度的走向：趋同、存异与变通》，《比较法研究》2013 年第 6 期。

[⑤] 参见［美］托马斯·弗里德曼：《世界是平的》，何帆、肖莹莹、郝正非译，湖南科学技术出版社 2006 年版，第 7 页。

分享。①

二、知识产权实体规则与程序规则的趋同路径

全球范围内知识产权具体问题的产生大多与各国专利、商标和版权方面的制度差异相关，为解决全球知识产权问题并在较大范围内获得相关国家的承认，应当从专利、商标和版权的实体规则和程序规则方面探求趋同路径。

首先，在专利制度上，完善专利多边注册制度，并致力于统一专利诉讼。一是努力解决语言问题。语言问题是导致专利多边注册和统一诉讼不畅的重要原因。多边注册体系内以及致力于统一专利诉讼的国家应利用好国内的高等教育环境，为相关专业人员提供职业化和技能化培训。同时致力于开发应用于专利审查和诉讼等有关领域的人工智能辅助系统，辅助相关专业人员准确理解有关文书并作出专业表达。二是扩大统一专利审查机制的建设范围，互相承认对方的检索结果进而提高审查效率、加快审查程序。在其他成员国检索阶段允许申请人对权利要求进行修改。改进各国专利审查程序和授权标准，在专利的新颖性、创造性和实用性、说明公开、权利要求书的解释以及审批程序等方面作出规定。② 推动提供更多国际阶段的成果用于共享，允许各国为利用国际阶段工作成果作出特别规定，例如将双边的 PPH 协议延展至区域内更多

---

① 参见［印］阿玛蒂亚·森、［阿］贝纳多·科利克斯伯格：《以人为本：全球化世界的发展伦理学》，马春文、李俊江译，长春出版社 2012 年版，第 12 页。

② 参见周胜生：《知识产权国际保护制度的扩张趋势及我国的应对策略》，《电子知识产权》2006 年第 5 期。

国家。运用信息技术简化多边注册流程，建立集中化的交互式电子平台并延伸到多边注册的全流程，将各阶段的处理结果记录在系统中，通过访问系统即可获得各阶段数据。三是各国应致力于在管辖权方面寻求突破。探索建立由国家间司法机关相互审理专利纠纷案件的国际规则，为专利纠纷的解决提供必要的便利。避免因受制于各国现有的司法体制，导致难以针对专利的特点作出高效、统一的司法审判。四是在审查员和法官选任方面达成共识。各国基于专利申请数量和质量等因素的差异，造成审查员的数量和水平存在差别，由此导致多边注册和统一诉讼均无法由不同国籍的审查员和法官共同组成。因此，在当前阶段由各国国内具备多边注册审查并处理相关纠纷能力的专业人员处理相关问题即可，但应注意避免同案不同判、同案不同罚或诉讼费用过高等问题出现。

其次，在商标制度上，缩短商标注册审查时间并加强对商标权利的限制。在商标注册审查方面，第一，建议各国商标审查部门从公共利益的角度，仅对绝对事由进行审查和判断，以确保商标授权确权符合法定构成要件。同时，实行两级审查制度，引入查询报告制度和第三人陈述意见。在第一级形式审查中，商标审查员对申请人的主体资格、提交的申请文件及申请费用缴纳情况进行初步审查。通过形式审查后，才能进入第二级实质审查阶段，根据商标法规定的绝对事由进行审查。在商标注册审查阶段，商标审查员检索已经注册或正在申请的商标后，向可能引起争议的双方当事人发送查询通知报告，当事人可根据查询报告自主选择是否在注册公告后提出商标异议，充分尊重当事人真实的意思表示。在医药、半导体或计算机高尖端领域允许任何自然人、法人和非法人组织向商标局提出不予注册的书面意见[①]，弥补商标审查的盲区，确保商标局更加准确地作出是否予以注册的决定。第二，商标使用在确权程序中具有重要地位，可以通过完善和细化商标取得制度来实现。在商标注册要求中明确商标使用的条件，并规定异议使用抗衡事由。第三，完善商标异议制度，限制异议适用主体和事由，增设冷静期制度，通过和解协商避免异议审理的数量，并改进商标异议担保制度，要求在先权利人或者利害关系人在提出异议申请的同时提供金钱担保，以确保其权利具有遭受损害的可能。审理机关对于主观上存在恶意的在先权利人，应作出驳回异议决定，并向对方补偿担保数额。此外，审理机关可以制作恶意异议人名单，当再次出现恶意异议情形时，直接采取驳回的处理方式，并要求恶意异议人支付惩罚赔偿金，遏制恶意异议情况的发生，减少异议提出量，保证行政审理资源的有效利用。[②] 在商标权利的限制方面，法律需要平衡商标权人、他人权利及社会公共利益之间的关系，所以设定对商标权的限制显得尤为重要。[③] 第一，统一商标合理使用行为的具体标准，包括善意地使用自己的名称或者地址，并善意地说明商品或服务的特征或属性，尤其是说明商品或服务的质量、用途、地理来

---

① 参见陈飞：《欧盟商标"第三方意见"程序》，《中华商标》2014年第2期。

② 参见王莲峰、包雪颖：《欧盟和德国商标确权程序比较及对我国的借鉴》，《电子知识产权》2021年第6期。

③ 参见吴汉东主编：《知识产权法学》，法律出版社2005年版，第295页。

源、种类、价值及提供日期等。第二，明确商业标识的先用权，保护已经在市场上构建了品牌声誉但未注册的商业标识使用人的利益。第三，商标权用尽也需要明确规定，即商标所有人同意后，带有商标的产品售出时，任何人都有权使用或销售该产品，但前提条件是该商品的质量没有发生变化或损坏。

最后，在版权制度上，开放作品类型和权利类型，同时适度封闭邻接权类型。一是在作品类型方面，参考《伯尔尼公约》的规定，在立法、司法和执法上对作品类型持开放的态度。二是在作品权利类型方面，密切关注作品传播方式，原则上针对新的传播方式设立新的权利类型。[①]避免因新传播技术的产生而损害著作权人的应有权益，实现创作者、传播者与使用者之间的利益平衡。三是在邻接权保护方面，正视邻接权产生的历史和发展过程，详细了解世界各国在邻接权立法和司法方面的主流做法。一方面不再对邻接权制度加以类型化扩张，另一方面可以基于经济社会发展的需要在既有的邻接权类型内增加必要的权利内容。四是对于版权与邻接权交叉的部分，尽可能将其纳入版权制度中解决，并补充和完善版权制度。将实践过程中传播者与创作者产生的版权问题通过版权制度解决。[②]此外，尽管中国国内还没有形成成熟的民间文学艺术版权保护制度，但民间文学艺术是全球版权文化的重大宝藏，而且当前发达国家正不断利用以中国为代表的发展中国家的优

---

①② 丛立先：《我国著作权法总体趋向与优化进路》，《中国出版》2020 年第 21 期。

秀传统民间文学艺术谋取版权经济利益，例如美国取材自我国民间故事的动画片《花木兰》，在世界各国取得了很高的票房收入。日本人根据《三国演义》中的故事制作网络游戏，赚取了丰厚的利润。① 中国应加快对这些艺术和传统进行立法保护，转移财富流向，尽快形成本土经验的基础上，与其他发展中国家进行磋商，建立对本土知识进行保护的标准和共同联盟，形成全球化和网络化的保护体系，并适时向全球范围推广。

通过在全球范围内建立统一的知识产权实体规则和程序规则，更有利于在跨国平台上进行知识产权创造和知识产权贸易。对于参与知识产权经贸的国家而言，由于统一的知识产权制度，不仅便于共享资源并提高贸易顺畅，还可以促进知识产权的转移。② 因此，统一的知识产权实体规则和程序规则具有深远的意义。

第二节　主张协调与礼让的全球司法合作

为掌握新一轮知识产权国际规则制定的话语权，需要通过全球司法合作形成良好的知识产权治理效果，解决国际知识产权案件的管辖权冲突、法律适用冲突以及判决认可与执行方面的问题。

---

① 王莲峰、梁萍、竺盈琼:《知识产权国际化趋势对我国知识产权立法的影响》，《知识产权法研究》2008 年第 1 期。

② 参见 Robert M. Sherwood，"Why a Uniform Intellectual Property System Makes Sense for the World"，in R.A. Schoen，M.E. Mogee & M.B. Wallerstein，*Global Dimensions of Intellectual Property Rights in Science and Technology*，Washington，D.C.：National Academy of Sciences，1993，pp.68，79—80。

一、推动涉外知识产权司法管辖权制度改革

在知识产品贸易国际化程度不断加深的背景下，各国对知识产权保护的要求越来越高，严格遵守传统的地域管辖规则已经不能完全保证知识产权的有效保护。因此，在建设创新型国家的社会转型时期，必须明确了解知识产权保护的现状，并在保护知识产权的过程中处理好近期利益与长远目标的关系，既不能一味地坚持绝对的地域管辖，也不能盲目地将知识产权管辖权全盘上升到国际层面。在涉外知识产权侵权司法管辖权问题上，中国应当采取谨慎的态度，有步骤、有策略地推动该领域司法管辖权制度的改革，在我国民事诉讼专属管辖制度中①，制定或添加一些与知识产权相关的规定。首先，可以小范围突破传统知识产权侵权管辖的地域范围，在跨国知识产权侵权管辖上运用最低限度联系原则和连带原则，并通过一定的技巧性安排将发生于国外的侵权行为与国内侵权行为相联系，从而实现在本国法院对外国知识产权侵权诉讼的管辖。其次，将区域合作作为实现扩张管辖权的途径之一。为突破传统地域管辖，中国还应当加强涉外知识产权司法管辖权的区域合作，例如通过缔结国际公约，划定一个事实上的统一管辖范围，通过对布鲁塞尔公约规定的强制适用，达到扩张国内管辖权的目的。再次，可以将注册性知识产权效力纠纷的管辖纳入中国专属管辖范围。注册性知识产权的效力问题与知识产权侵权的联系十分紧密，在国内的或跨国的有关注册性

---

① 参见邓文斌：《跨国知识产权管辖权问题研究》，《中国出版》2016 年第 20 期。

知识产权侵权案件中，被告通常都会提起知识产权的效力问题来对抗原告所提出的有关侵权的诉求。对此，可以将注册性知识产权的效力问题归于知识产权的注册登记国法院专属管辖，为法院处理这一问题提供管辖权依据。

二、尊重知识产权法律适用的差异与特点

国际知识产权案件的法律适用可分为所有权的法律适用、侵权的法律适用以及合同的法律适用。

在所有权的法律适用上，对专利与商标等需要注册的知识产权的所有权，默认适用保护国法。在商标所有权的法律适用上，允许商标所有者在其代理人或代表人未经授权而以商标所有者的名义向其他国家申请该商标注册的情况下，反对申请的注册。所有者也可以申请撤销该项注册，或者要求将此注册商标转到所有者的名下。[①] 在专利所有权的法律适用上，优先考虑职务知识产权成果所有权这一特殊问题与雇佣关系[②]或者合同的联系。对于版权等无需注册的知识产权问题上，重点考虑网络传播方式的出现所增加的法律适用的复杂性。可以考虑由法院地法，也就是受理案件法院地法调整初始所有权问题，以及作品被实际利用国家的领域内的法律[③]，也就是作品所在地法调整初始所有权问题，进而

---

① 杨长海：《知识产权冲突法论》，厦门大学出版社 2011 年版，第 277 页。

② 参见 U. Eugen, *Intellectual Property Rights and the Conflict of Laws*, Deventer: Kluwer, Law and Taxation Publishing Division, 1978, p.507.

③ 参见 M.J. Gall, *Les contrats d'exploitation du de propriete litteraire et artistique: Etude de droit compare et de droit international prive*, Paris: GLN Joly Editions, 1995, p.276.

避免因适用保护国法与起源国法而忽略其他国家法律的相关利益。

在侵权的法律适用上，首先不建议允许当事人协议选择适用法律①，避免变相承认域外知识产权直接在中华人民共和国境内生效的结果，进而过度破坏知识产权的地域效力。其次，通常情况下可以适用法院地法，但还应当考虑跨国侵权案件的特殊问题，不能无条件地赋予法院地法优先效力。例如在通过互联网实施侵权行为的法律适用上，应当允许当事人合意选择纠纷适用的法律，在当事人没有达成合意的情况下，适用与整个知识产权侵权案件有最密切联系国家的法律。这是因为适用最密切联系国家的法律有利于顺应网络空间的虚拟性和无疆界性，并反映连结点的本质要求，也有利于法官在权衡案件时更多考虑保护受侵害者的利益，同时作为灵活的冲突规范，还能适应最新变化。②在互联网知识产权侵权纠纷的法律适用上不建议适用保护国法，因为一旦适用保护国法，那么只要作品可以在保护国上传或下载，就可能适用无数国家的法律，为确定保护国带来困难。同时也不建议适用传播负责人所在地法，尽管该方法有利于简化法律适用，但无法解决导致知识产权保护过高或过低的风险。因此，在当事人没有通过合意选择纠纷适用的法律情况下，应当适用与整个知识产权侵权案件有最密切联系国家的法律。

知识产权合同是进行知识产权交易的主要方式，其合同关系通常包

---

① 参见齐爱民：《涉外知识产权纠纷的法律适用》，《知识产权》2011 年第 2 期。

② 参见丛立先：《论涉外网络版权侵权案件的法律适用》，《东北大学学报（社会科学版）》2010 年第 2 期。

含两方面内容，一方面是知识产权本体的问题，也即知识产权合同问题，另一方面则属于知识产权合同中的契约问题，具有知识产权关系与合同关系复合的特点。① 在知识产权合同的法律适用上，也应当区分知识产权合同以及合同中的协议这两种法律关系并进行区别适用。在知识产权合同中，涉及知识产权产生、范围、效力等问题的知识产权本体关系，这既涉及与知识产权相关的竞争，也关系到各个国家基于公共政策的考量。因此对这部分内容的调整应适用保护国法，也就是赋予保护国法律的绝对地位。此外，除了知识产权合同问题，知识产权合同中的契约问题虽然具有一般民事法律关系的特征，但也不应当在不区分合同的成立要件、效力以及当事人缔约能力等因素的情况下一律适用合同的准据法，而是还应当重视知识产权合同与一般民事合同的实质与形式要件的特点。例如，对于版权合同而言，版权能否全部或部分转让、可否赋予独占性或非独占使用版权作品等问题就具有知识产权合同的特征，进而应当适用保护国法律调整。

三、促进知识产权判决的域外承认与执行

国际知识产权争议解决不仅包括争议本身的解决，而且还涉及争议解决后判决的执行问题。同时，由于作出涉外知识产权判决的国家并不一定是执行判决的国家，所以对涉外知识产权判决的承认与执行是国际知识产权争议解决优选地建设的重要工作，也是各国知识产权工作中的

---

① 参见 J.J. Fawcett & P. Torremans，*Intellectual Property and Private International Law*，New York：Oxford University Press（UK），1998，p.560。

重难点问题。对此，中国首先要在理念上积极加入《承认与执行外国民商事判决公约》（以下简称"《海牙公约》"）。《海牙公约》是有关判决承认与执行的国际规则，尽管《海牙公约》未将知识产权纳入其中，但积极推动知识产权纳入《海牙公约》有利于在判决承认与执行方面维护和建设国际知识产权秩序，积极维护多边主义，推动知识产权判决的国际互认。将《海牙公约》《承认及执行外国仲裁裁决公约》和《联合国关于调解所产生的国际和解协议公约》一起视为全球在诉讼、仲裁和调解方面的"三驾马车"，从整体上消除国际民商事争议，促进国家间商贸往来。通过《海牙公约》为部分知识产权案件的管辖权审查提供依据，并通过《海牙公约》为涉及知识产权合同的判决承认与执行提供依据，提高与知识产权合同相关判决的承认与执行的便利程度。其次还要推动判决后续工作的开展。对国内外市场主体一视同仁、同等保护。[①]提升自身话语权，以知识产权为纽带促进国际社会共同发展，而非掠夺别国利益。以国家利益作为判决执行的出发点，注重涉外知识产权争议的解决效果，并促进专利等知识产权的跨国流转。在操作方案上，可以共建各国在国际知识产权司法合作方面的规则，或者缔结区域知识产权判决承认与执行的协定等。为了防止对中国经济发展产生不利影响，可以通过对相关条款声明保留的方式予以避免。[②]最后是适当放宽互惠

[①] 参见蒋安杰：《维护知识产权领域国家安全 走出中国特色知识产权发展之路》，《法治日报》2020年12月9日刊。

[②] 参见樊婧：《论海牙〈判决公约（草案）〉中知识产权的间接管辖权问题》，《中国国际私法与比较法年刊》2018年第2期。

原则。①互惠原则是当前中国判决承认与执行的关键依据，包括了外交互惠、法律互惠和事实互惠三种关系。事实互惠中的"事实"是指要求外国法院在先承认和执行中国国内判决。2015年7月，最高人民法院发布的《关于人民法院为"一带一路"建设提供司法服务和保障的若干意见》（以下简称"《司法服务和保障意见》"）指出，即使外国与中国不存在司法协助条约，中国也可以根据两国司法合作交流意向，以及外国作出的给予中国适用互惠原则的承诺等，提供司法协助，促进互惠关系建立。为了避免外国法院拒绝承认与执行中国国内判决后，中国国内法院也拒绝承认与执行外国法院的判决，进而陷入"拒绝—拒绝—再拒绝"的恶性循环。建议明确事实互惠的适用条件并统一适用标准，也即将事实互惠转换为法律互惠，进而提升判决的可预见性，并提高中国在国际社会的公信力。同时允许对互惠原则作出更宽松的解释，提高司法资源的分配效率和司法权威，在时机成熟时将法律互惠从倡导层面上升为习惯层面乃至规则层面。

第三节　倡导区域与双边联动的全球执法协作

　　知识产权执法是知识产权法律实现的重要条件与过程，也是知识产

---

① 参见唐雨蒙：《"一带一路"背景下我国承认和执行外国判决司法实践的困境和出路——以互惠原则的适用为核心展开》，最高人民法院：《司法体制综合配套改革与刑事审判问题研究——全国法院第30届学术讨论会获奖论文集（下）》，国家法官学院科研部2019年版，第1129页。

权得以实现的最终保障。^① 在全球化程度不断加深的今日，知识产权跨境侵权现象也日益严重，需要非政府组织等不同主体在国际层面通过多种渠道的协作来推动知识产权执法^②，并不断促进各国提升知识产权执法水平。

一、达成全球知识产权执法协作共识

全球知识产权执法协作是在达成共识基础上的一种制度性安排，建立共识是构建全球知识产权执法协作机制的前提条件。为此，一要倡导全球知识产权执法协作不仅是保护各国知识产权权益人和国际社会公众合法权益的需要，而且是共同维护全球知识产权市场经济秩序，保障各国经济发展的客观需要。二要加强世界各国知识产权执法经验的合作交流。当前，知识产权大国都积极开展打击侵犯知识产权和制售假冒伪劣商品专项行动等活动，而这些领域往往也是跨国知识产权违法犯罪的高发领域。与此同时，知识产权执法工作通常受本国知识产权行政体制影响较大，达成知识产权执法协作共识需要协作各方互谅互让。因此，世界各国可以就知识产权执法协作中面临的规则和制度障碍加强对话协商，通过互派专业人员考察交流，提供相关执法信息互换，推进在执法信息传递、线索协查、案件移送等方式达成共识。三要重申法律原则与

---

① 参见吴汉东：《中国知识产权制度评价与立法建议》，知识产权出版社 2018 年版，第 16 页。

② 毛金生、杨哲、程文婷：《国际知识产权执法新动态研究》，知识产权出版社 2013 年版，第 4 页。

法治精神。^① 各国执法部门对于电子数据的溯源、发展和证据效力等执法操作过程中的具体问题可能存在分歧。尽管各国规定和执法操作可能并不一致，但既有法律中所包含的法律原则、法律价值和法律精神可以为共识的达成提供依据和指引。因此通过对法律原则和法律精神的重申，有利于增强跨境知识产权执法协作的共识。

二、作出完整且可操作的全球执法协作安排

与碎片化、枝节化相对的体系化执法协作，不仅是执法协作过程中应遵循的科学执法逻辑，也是构建全球法律体系时应践行的执法模式，是全球执法协作可行、有效的前提。为建立完整且可操作的全球知识产权执法协作制度，首先，应尊重多种多样的执法协作合意方式，提高执法协作的实践效果。区分全球协作制度中必须由各国达成统一的关键因素和可以交由成员国确定的一般因素，并在此基础上明确关键因素和一般因素的类型。在尊重区域各国民主协商的前提下，制定统一协作安排和派生细则。其次，提升各国执法协作的可操作性。针对知识产权的特点出台内容合理且可理解程度较高的执法协作细则，重点明确跨国执法协作的条件和程序，并通过双边、区域和多边执法协作协议逐步实现各成员国国内法的统一，保障全球知识产品市场的自由流通。再次，进一步加强执法人员的教育与培训，保证执法效果的一致性。对于经济价值较高的专利等特殊的知识产品，要在各成员国之间达成一致的同时，为

---

① 参见秦帅：《数据时代跨境犯罪治理：警务执法合作面临的挑战及路径选择》，《浙江警察学院学报》2022 年第 5 期。

各成员国留有更多的自主权，鼓励成员国之间签署双边和区域协定等方式，在权利内容等方面作出更为具体的安排。在条件成熟的情况下，倡导构建政府间机构负责区域知识产权执法的可能。致力于在保障体系化的同时，降低全球知识产权协作体系的构建难度。最后，准确识别执法协作机制在我国推进的重难点。结合知识产权在跨国贸易中的特点，优先优化对遗传资源、传统知识和民间文学艺术保护的认定条件和保护措施。需要注意的是，全球知识产权执法协作相较于其他领域对各国有关机构专业能力的要求更高，为保证执法协作效果的同时尊重各国执法情况的差异，建议先开展执法机构的试点工作。

三、重点加强海关知识产权执法协作

海关是国家进出关境的监督管理机关，负责对违反法律规定的货物行使相关执法措施。经济全球化的发展，一些发达国家对全球知识产权保护水平提出更高标准，并形成了一些跨国规则。

中国想要培育国际化、市场化和法治化的营商环境，必须建立严格的知识产权维护形象。在知识产权保护上，可以基于现有的国际协调，逐步完善和加强知识产权海关执法。一是对于没有建立国际协调关系的国家，可以在进出口货物范围的基础上，有限制地逐步推进对"过境"货物的知识产权海关执法。促进不同经济主权国家之间的知识产权制度信息交流、案件协作及执法经验分享，提高各自在全球经济治理中的水平和国际形象。二是可以通过缔结双边自由贸易协定，在互惠的基础上实施知识产权海关执法。但明确"过境"货物属于中国自贸试验区知识

产权海关执法范畴并不代表所有"过境"货物都需要接受知识产权海关执法 ①，而是应综合考虑中国自贸试验区的特殊使命、国际规则的发展趋势和本国经济发展需求的基础上，建立过境货物的知识产权海关执法措施。在与主张签署 ACTA 的成员国进行知识产权海关执法协作时，需要加强对假冒商品和盗版产品交易的打击力度，可能需要将判断货物是否侵权的依据从进口国的法律扩大到程序实施国的法律。② 在与欧盟国家签订双边自贸协定时，可以将海关执法的货物扩展到包括在欧盟之外生产或由非欧盟国家进入欧盟关税领土的所有情形，无论货物是否自由流通或位于自由区或保税仓库内，只要货物在欧盟关税领土，海关就有权随时执法。三是在知识产权海关执法经验丰富的情况下，可以适当探索跨区域联合执法。例如，自 2007 年起，中美针对侵权货物签署了《中美海关知识产权边境执法合作备忘录》并进行了修改。之后，双方签署了专门的执法合作文件，并在一系列联合执法行动中开展了对各类侵权货物的打击。类似地，中国海关与美国、欧盟、俄罗斯、日本、韩国等国家和地区的海关也建立了知识产权执法协作关系 ③，并在主要联合行动、案件信息交换、数据分析、培训研讨等方面取得了一定的

① 参见安朔：《我国自贸区过境货物知识产权海关执法研究》，《中国政法大学学报》2021 年第 1 期。
② 参见海关总署政策法规司编：《中国海关知识产权保护状况及备案名录》，中国海关出版社 2013 年版，第 493 页。
③ 参见《中美海关知识产权联合执法在行动》，中国政府网，http://www.gov.cn/xinwen/2016-11/24/content_5137194.htm，2023 年 8 月 3 日。

执法成果。为了推动知识产权海关联合执法升级，接下来可进一步借鉴欧盟等区域积累的跨区域执法经验，参考关于刑事之外执法中的一般义务、证据的收集、信息获取权利、临时措施和预防措施以及案件审理后的救济措施的相关规定，并通过知识产权行动计划加强与商业部门（权利人）的合作和国际合作，强调执法信息交换，促进跨区域执法顺畅一致。

第四节　形成国际知识产权争议解决优选地建设的专门方案

打造国际知识产权争议解决优选地是深入学习贯彻习近平总书记关于知识产权保护重要指示精神，也是为了获得更多话语权并保证利益实现的重要抓手和实现捷径。建设国际认可的争议解决优选地，需要从制度设计进行创新，辅之以切实可行的实施要领和保障机制。

一、创新国际知识产权司法保护体系并提升司法公信力

第一，对于技术类知识产权案件，特别是以专利案件为主的案件，由于事实相对复杂，权利要求解释空间较大，需要重视完善审理机制，提高审判质效。在具体措施上，一方面，继续完善技术事实查明机制。在诉讼程序中邀请技术调查官等专业人士参与，尽可能在庭前的技术专家会议中确定技术事实，特别是对于争议较大的技术问题要提前厘清。我国最高人民法院的知识产权法庭已经建立了技术调查室，但还需要进一步完善技术调查官参与诉讼的各项制度，尤其是商业秘密案件的参与方式，为法官查明案件技术事实问题提供更多有力支持。另一方面，探

索部分判决，即如果查明了侵权与否的事实，可以先行判决侵权判定等问题，允许当事人就此部分判决单独上诉，以节约司法资源和促进当事人和解的双重目标。

第二，改革技术类知识产权案件的诉讼制度。一是进一步统一诉讼证据。建立以知识产权诉讼证据规则为指引，以诚信原则为导向，同时能够激励当事人提供证据的诉讼机制。减轻知识产权权利人的取证困难，降低知识产权案件证明难度。二是完善巡回法庭制度。在案件量比较大、确有巡回需要的地区设立巡回审判点，积极开展巡回审判。三是提高专利无效民事诉讼程序与行政诉讼程序的衔接。对此，一方面要致力于实现权利要求解释在民事侵权诉讼与行政诉讼中的一致性，防止行政程序干扰民事程序的正常进行，也同时防止民事程序对行政程序产生不利影响。另一方面应在民事程序中重点审查专利无效抗辩的成立与否。当前，最高人民法院知识产权法庭从机制上为无效和侵权认定的裁判尺度提供了统一的便利，也为无效抗辩创造了制度基础。与此同时，知识产权法庭技术调查室的成立使得审判的专业水平大大提高，为民事案件中专利效力的审查提供了专业加持。

第三，提升智能审判水平。在信息化建设过程中，深度运用大数据和人工智能，借此提升审判效率并推动裁判规则统一。发展多样化的信息技术手段，包括电子立案、电子阅卷、智能分案、建设数据库、随案生成电子卷宗、实现纸质卷宗跟踪定位、运用科技庭审技术、分析司法数据等。在电子立案方面，协同两级法院的卷宗流转和立案。提高电子阅卷效率，是按通过诉讼服务平台远程查阅卷宗，或者利用诉讼服务中心自助阅卷机直接查阅卷宗。在智能分案上致力于有效解决专利侵权民事案件和行政无效案件的对接问题，尽量使同一法官或合议庭审理涉及同一知识产权的案件。打造互联互通的数据库，例如通过使用国家知识产权局的数据资源查询权利状态以及全球同族文件等。通过随案生成电子卷宗建设电子化卷宗材料，将射频码标签查询等技术运用到转移记录查询等领域。同时将纸质卷宗跟踪定位技术运用于纸质卷宗的流转，提高诉讼参与者实时了解卷宗状态的效率。通过运用科技庭审技术降低质证难度。在实施上述各项措施并积累了丰富经验的基础上可以适时在国内范围推广，并联手共同提升双边和区域内的知识产权司法智能水平，打造司法智能化系统。

二、培养国际知识产权司法人才并建立专家库

当前我国最高人民法院与各地基层法院都开展了国际知识产权司法人才的培训。但是涉外知识产权案件的审理不只是对相关法律规则的简单适用，更应具有国际视野。目前，我国知识产权专业法院审判人员更多将精力集中于国内法律和审判实务的研究。审判人才境外联合培养、国际交流学习的机会减少，知识产权审判人员的国际视野构建与开拓有所不足。[1] 所以接下来还应进一步创新国际知识产权司法人员的培养方式，增强业务培训的国际化和针对性。具体而言，一是开展包括涉

---

[1] 张晓天：《RCEP 框架下知识产权专业法院司法保护的国际化建设》，司法前沿微信公众号 2023 年 4 月 6 日。

外案件集中培训、上下对口交流、涉外案件庭审观摩、涉外案件评查等各种形式的培训活动。二是推动达成联合培养、国际交流等多渠道培养方式。促进审判人员在学习借鉴世界主要先进国家关于知识产权保护的审判经验的同时，扩展宏观的国际视野。三是专门开展涉外案件审判标兵等选拔活动并纳入相关考核，激励审判人员涉外审判能力的提升。四是建设国际知识产权审判技术专家库。所谓国际知识产权审判技术专家库，指的是审判机构为解决审判涉外知识产权案件过程中的技术问题和法律问题，而从各技术领域和法律领域选出专家代表，协助案件的审理。在国际知识产权审判技术专家库建设过程中，重点加大对《TRIPS协定》等国际通用规则和 RCEP、CPTPP 等区域性保护规则的研究力度，加深了解处于博弈阶段的知识产权保护国际规则的争议焦点、主要域外国家知识产权法律制度，以更好适应我国知识产权审判工作需要，为我国法院深度参与全球知识产权治理、助力建设知识产权强国贡献司法智慧和司法力量。

三、健全知识产权争议 ADR 制度

国际知识产权争议涉及多个跨国主体之间的利益纠纷且专业技术性强，更重要的是受到各国司法主权的影响，即使通过一国法院对涉外案件作出裁判也可能遭到禁诉令、反禁诉令、反反禁诉令的障碍以及域外执行上的困难。因此，探索多元化纠纷解决更有利于提高涉外知识产权争议的解决效率。

中国知识产权争议多元化解决制度应当从以下几个方面完善。一是

完善《民事诉讼法》等现行法律中有关争议解决的规则。在立法规则中鼓励诉讼外争议解决机制的运行，明确非诉讼程序的地位，为协商解决争议提供法律依据。同时在《仲裁法》等其他法律规则中建立并完善满足争议解决需要的解决途径，鼓励民间争议解决机构的建立并配套相应制度和程序。优化诉讼程序和非诉讼程序的衔接，协调司法权与行政权的关系、法院司法与民间自治的关系。为了提高争议解决的整体水平，可以考虑由全国人大出台相关决定，提高诉讼内与诉讼外手段之间的配合与协调程度，并尽量打破不同争议解决机制相互之间的壁垒[①]，既保留各类争议解决手段的独特价值，又实现各类争议解决方式之间的融合协作，从而在结果上实现知识产权争议的高效解决。二是将诉讼外的争议解决方式纳入中国知识产权单行法以及相关的行政法规中，可以考虑在法律中作出原则性规定和方向性指引，并通过行政规章或实施细则进一步细化为较为完整的制度体系，同时注重实体法与程序法的结合。2020年中国新《著作权法》规定可以通过调解解决版权纠纷，或者根据书面仲裁协议或者版权合同中的仲裁条款，申请仲裁解决纠纷。建议同时将行政纠纷解决纳入立法规则，并在相关法规中进一步界定行政机关可以介入的范围、方式、程序、办法等。[②]三是通过其他立法提高诉讼外争议解决机制的规范性。在《仲裁法》等法律以及相关的司法

---

① 参见赵旭东：《纠纷与纠纷解决原论——从成因到理念的深度分析》，北京大学出版社 2009 年版，第 159 页。

② 参见倪静：《知识产权争议多元化解决机制研究》，法律出版社 2015 年版，第512—515 页。

解释外，出台专门的成文法，对各种诉讼外争议解决机制进行综合和专门调整，在各类争议解决机制之间争取实现相互衔接和互补，明确各类争议解决机制的地位、功能、建立方式、指导原则、基本程序等，切实提高每一种争议解决方式在特定领域或范围内的作用。同时，处理好诉讼外争议解决与诉讼解决的衔接问题，通过诉讼方式为其他方式提供审查与救济。四是更为重视调解在争议解决中的独特价值。制定统一的调解法，确立调解的基本规范和原则，重点解决调解与司法程序的衔接问题，减少调解内部以及调解与司法程序之间的冲突和重复问题。同时也要完善对调解的司法审查与救济程序，保障当事人的合法权益和社会公正。五是尊重世界各国在多元纠纷解决理念、文化、制度和体系方面的差异和模式，并积极借鉴国外的经验做法。例如美国通过《ADR 法》《民事司法改革法》等非诉讼纠纷解决基本法申明国家鼓励非诉讼程序的立场，将具体制度和程序的设计授权于地方和各法律部门。再如德国的《民事诉讼法》是将非诉讼程序与民事司法系统和诉讼程序加以整体规划。更普遍的做法则是在制定部门法时，将实体法与程序法有机结合，统筹建立多元化争议解决机制，比如，各国的劳动法、环境保护法、消费者权益保护法等。日本则根据社会需要，通过单行立法建立特定的争议解决组织，并规定其程序。

第五节　专门知识产权问题的治理制度

专门知识产权问题是全球知识产权治理中的特殊问题和重点难点问

题，需要结合其问题本身的特点作出专门化的治理安排。

一、通信领域标准必要专利纠纷的禁令制度和 FRAND 原则

随着科技创新速度不断加快，全球经济一体化程度日益深入，信息产业和通信产业的标准和专利成为促进技术推广的重要手段。特别是近年来，由于信息技术和通信技术越来越深地融合，移动互联网得到迅猛发展，智能终端设备的普及，传统的 IT 企业开始涉足通信领域，市场竞争愈发激烈。全球主要跨国公司之间因标准必要专利引发的诉讼大战，将标准中的专利问题推向成为了全球性的热点话题。[①] 例如，美国苹果公司与韩国三星公司在全球范围内的专利纠纷、美国微软公司与摩托罗拉公司之间的标准必要专利授权使用费纠纷、HTC 公司与美国苹果公司的标准必要专利费用纠纷等。这些诉讼主要围绕着两个问题：一是根据公平、合理、无歧视的原则（FRAND）许可使用标准必要专利；另一个是如何在保护标准必要专利的同时避免滥用禁令救济。

标准必要专利是指在实施某一项标准时必须实施的专利技术。[②] 禁令是专利法为保护专利权人利益而设立的核心救济手段。然而，近年来部分跨国企业在专利纠纷中为取得谈判的优势地位，通过申请禁令来限制竞争对手的行为很大程度上滥用了禁令的功能，对技术创新和移转产生了极为不利的影响。对此，应及时对禁令滥用的问题加以制止，从

---

① 参见史少华：《标准必要专利诉讼引发的思考 FRAND 原则与禁令》，《电子知识产权》2014 年第 1 期。

② 参见叶若思、祝建军、陈文全：《标准必要专利使用费纠纷中 FRAND 规则纠纷中 FRAND 规则的司法适用》，《电子知识产权》2013 年第 4 期。

禁令滥用的规制依据、规制路径等方面加以细化。在规制依据上，建议各国将禁令滥用行为视为标准必要专利滥用行为之一，并将其纳入《反垄断法》或与规制反垄断行为相关的规则中。在具体判断上综合考虑以下因素。专利权人对侵权事实的及时告知态度、双方是否及时勤勉地就许可授权提出书面的要约和反要约、双方是否恶意拖延许可谈判、标准必要专利权人作出的禁令救济方面承诺、要约与反要约中的许可费率和条件、谈判时接受或拒绝要约时的附带行为、禁令申请的必要程度，以及禁令救济对市场竞争、技术创新和消费者利益的影响等。在规制路径上，依据反垄断作为专利禁令救济的规制路径，同时倡导各国在认定专利权人滥用专利权排除或者限制竞争的同时，允许相关主体申请专利实施强制许可，形成对标准使用人合法权益的周延保护和维护竞争秩序，以打破欧美国家企业的不当遏制企图。在决定是否颁发禁令的因素上，应综合考虑以下因素。标准必要专利权人在申请禁令救济前是否向标准使用人发出侵权警告函，告知其被侵权之专利和具体侵权行为。标准使用人是否基于 FRAND 原则表达了许可谈判意愿。标准必要专利权人是否及时向标准使用人提出书面的许可要约，告知许可费率和许可数量及范围，并说明计算方法。标准使用者是否及时有效地进行承诺和开展许可谈判，以及是否恶意拖延。如果对要约内容不满意，是否及时提出符合 FRAND 原则的反要约。标准必要专利权人是否及时进行承诺和展开许可谈判，如果拒绝反要约，是否及时告知标准使用人。标准使用人在收到拒绝反要约通知后如仍实施专利，是否向提存机构提存反要约中规定的专利许可费或提供足额担保，这部分提存金额或担保应包括已使用的专利涉及的所有许可费，并将使用情况通知专利权人。在反要约拒绝通知到达标准使用人后的一定期限内，双方是否就自行约定或者由专利部门指定独立第三方鉴定机构确定许可费率以及其他条件，进行善意的磋商等。[①]

FRAND 原则要求标准必要专利权人在公平、合理和非歧视的条件下将其标准必要专利授权给所有标准必要专利实施者使用。[②] 确定合理而公正的标准必要专利使用费率应当依据 FRAND 原则作出，并根据实际情况予以调整。一是致力于实现许可使用费本身合理。在许可使用费数额的确定上应考虑实施该专利或类似专利所获利润，以及被许可人销售相关产品收入中所占的比例。将技术、资本、被许可人在经营中投入的劳动等纳入产品销售的利润，仅将专利许可使用费作为销售利润的一部分而非全部。在计算方式上，专利许可使用费仅可涵盖与其专利比例相当的部分。标准必要专利权人不应因专利被纳入标准而获得额外的利益[③]，具体而言，技术本身作为专利权人的贡献，使专利权人仅能就其专利权获得利益，而不应包括其他部分。二是致力于实现许可使用费相

---

① 郭壬癸：《标准必要专利禁令救济滥用司法规制困境与完善》，《中国科技论坛》2019 年第 1 期。

② 参见祝建军：《标准必要专利使用费条款：保密抑或公开——华为诉 IDC 标准必要专利案引发的思考》，《知识产权》2015 年第 5 期。

③ 叶若思、祝建军、陈文全：《标准必要专利使用费纠纷中 FRAND 规则纠纷中 FRAND 规则的司法适用》，《电子知识产权》2013 年第 4 期。

比较合理。判断当事人的许可使用费是否公平、合理、无歧视，应当横向比较不同主体之间的许可使用费，如果被许可人的条件相当，那么他们的许可费率也应当大致相当。

二、数字互联网知识产权的管辖权和法律适用制度

互联网领域的知识产权问题主要体现在管辖权和法律适用两个方面。随着互联网的出现，专利权、商标权、著作权等网络知识产权侵权的国际争议越来越常见，网络空间在全球范围的交互对传统知识产权管辖权制度带来了巨大冲击，本国管辖的局限性也愈发突出。[①] 在此背景下，各国都倾向于扩大本国对于涉外互联网知识产权纠纷的管辖权，当事人出于自身利益考量也选择更有利于实现自身利益的法院起诉，这不仅在司法上造成平行诉讼的发生，而且给当事人带来过重的负担，阻碍网络经济的繁荣与发展。为解决上述互联网知识产权管辖权的问题，一是应当坚持促进互联网企业发展、加速信息网络传播和减轻法院受案负担三个原则。[②] 二是平衡权利人与行为人之间的利益，限制权利人在任意一个能够访问到内容的国家进行起诉，同时不要求行为人承担非网络活动所针对的国家的证明责任。建议在国内立法中，将"被告有意针对或指向的计算机终端所在地"作为涉及以计算机终端作为网络知识产权侵权案件管辖权依据的条款。在判断计算机终端所在地是否为被告有意

---

① 参见孙尚鸿：《传统管辖规则在网络背景下所面临的冲击与挑战》，《法律科学（西北政法大学学报）》2008 年第 4 期。

② 参见许偲：《互联网环境下知识产权侵权的管辖权路径选择》，《东南学术》2021 年第 3 期。

针对时，可以从多个方面进行综合判断，包括使用的语言、网站的域名、使用的货币、联系地址、电话号码、访问网站的用户构成以及产品的销售地等。同时，还应该考虑该网站是否限制了某些地区的访问。

互联网领域的知识产权纠纷法律适用主要体现于侵权关系和合同关系。在互联网领域知识产权侵权纠纷上，建议依据最密切联系原则[1]确定适用的法律。一是适用侵权行为法、被请求保护国法、权利来源国法都面临不同程度的问题。侵权行为地法虽然仍有适用空间和可能性，但如果权利主体为多数，且分别处于不同国家，会给法院适用这一原则带来不便。被权利请求保护国法使知识产权法律适用回到了严格属地主义时代，但法院地国应当在一定条件下考虑外国法律适用的可能。权利来源国法的适用可能使本国公众受制于某一外国知识产权法。绝对的来源国法原则将对有关国家的知识产权政策决策能力造成影响和损害。二是在适用最密切联系原则时，法院应考虑各种与此案有法律关系或与当事人相关的因素并进行权衡，以确定适用与当事人有最密切联系的国家（或地区）的法律，而非按照单一、机械的连接因素来确定适用法律。[2]避免过分强调对本国当事人利益的保护。[3]三是有必要对最密切联系原

---

[1] 黄长营、王承志：《从美国〈第二次冲突法重述〉看我国侵权冲突规则》，《武汉大学学报（哲学社会科学版）》第 59 卷第 5 期。

[2] 参见徐伟功：《从自由裁量权角度论国际私法中的最密切联系原则》，《法学评论》2000 年第 4 期。

[3] 参见杨长海：《互联网环境下知识产权冲突法面临的新问题及其国际应对》，《科技与法律》2019 年第 5 期。

则进行限制，避免法官被较多考量因素干扰进而造成法律适用的不确定。在具体方法上可以为不同类型的知识产权侵权案件设立一些连结因素，例如受害人所在的居住或营业地、知识产权受害最显著的地区、加害人居所地、一般公众主要访问网站的地点、ISP 的所在地等，使法官在根据最密切联系原则选择法律适用时首先考虑这些列举的范围。[1] 在互联网知识产权合同纠纷的法律适用上，应尊重当事人自治原则。一是应放宽对当事人所选择法律的限制，不要求该法律必须具有一定的"合理联系"，否则将增加选择的难度和交易成本。通常而言，当事人也更倾向于选择中立第三国的法律作为合同准据法。二是应要求以明示方式作出选择，确保当事人作出真实意图的选择。尤其在网络环境中，当事人通过电子数据交换很难提供有价值的暗示选择推理依据。同时，也应施加必要的限制，以让位于特殊利益的保护和公共政策的贯彻，例如格式合同中规定适用的法律。

三、涉外定牌加工纠纷中的商标侵权制度

随着国际贸易的不断发展，涉外定牌加工对一国经济发展起到重要的作用。涉外定牌加工指的是一国国内加工方接受境外委托人委托为其加工产品，并按照境外委托人要求贴附商标、产品全部出口到境外销售的行为。[2] 在涉外定牌加工纠纷案件中，原告通常认为被告在制造国境

---

[1]　参见姜茹娇：《论知识产权在网络环境中的法律适用》，《法学杂志》2010 年第 2 期。

[2]　李扬：《商标法基本原理》，法律出版社 2018 年版，第 245 页。

内加工制造的产品上使用了原告在该国境内享有注册商标权的商标[1]，即使这些产品只是出口到国外（没有在制造国境内销售，也没有返销回制造国），也违反了制造国《商标法》的规定，侵害了商标权人的注册商标专用权。

涉外定牌加工行为并不侵犯原告在制造国内享有的注册商标专用权。首先，商标的基本功能是区分商标权人与其他人的商品或服务。消费者通过商标选择自己喜欢的商品或服务，经营者则利用商标推销自己的商品或服务、占领市场和建立信誉，这一切都依赖于商标识别功能的正常发挥。侵犯商标权的行为表现形式多种多样，其本质特征就是对商标识别功能的破坏，即通过欺骗消费者使其产生混淆或误认商品或服务来源。[2] 如果行为不会欺骗消费者，也不会使其产生混淆或误认商品或服务来源，则不存在商标侵权行为。在涉外定牌加工中，加工人将境外委托方的商标贴在产品上之后全部交付给委托方，在境内市场上并未销售，因此不可能产生混淆问题，消费者不受欺骗，并且不会给境内商标权人带来任何损害，没有实质性的侵犯商标权行为要件。所以，涉外定牌加工不应被认为是对境内商标权的侵犯行为。其次，在加工商品上贴附商标的行为并不构成商标法上的商标使用。商标法上的商标使用应当是指通过使用商标来实现商标功能的行为。商标最主要的功能是识别，

---

[1] 参见张伟君、张韬略：《从商标法域外适用和国际礼让看涉外定牌加工中的商标侵权问题》，《同济大学学报（社会科学版）》2017年第3期。

[2] 参见张玉敏：《涉外"定牌加工"商标侵权纠纷的法律适用》，《知识产权》2008年第4期。

只有在商品进入流通领域时，才能通过商标表明自己的商品，使商标的识别功能得到发挥。如果产品未进入流通领域，则商标只是一种装饰，与商标的识别无关。所以，商标法所说的商标使用应当与商品流通相关，即将商标贴在商品上进行销售或其他交易，如出租、广告、展览和交易文书等。[①] 而在"定牌加工"中，加工人按照委托方的要求将商标贴在加工产品上，这是加工行为的一部分，而且加工人并未销售加工产品，而是全部交还给委托方。因此，这种行为不符合商标法上的商标使用条件。

[①]　参见张玉敏：《涉外"定牌加工"商标侵权纠纷的法律适用》，《知识产权》2008年第4期。

结 语

　　全球治理是对全球性问题的国际规制[①]，是国际社会对全球经济、生态等问题的应变结果。尽管全球治理的主要权威和权力机制来自传统民族国家及其国家间机制[②]，但是全球治理又反对国家对于权威、规则和治理权力的垄断，也因此催生了多种多样的非政府组织在全球治理中发挥着重要作用，与国家分享治理的权力。

　　当前，全球治理在国际社会中的地位和作用不断提高。如何引导全球治理朝着公正合理的方向发展，是 21 世纪全球治理体系建设必须面对的关键问题。一些国家和非政府组织参与进来，推动了全球治理变革，成为国际社会客观发展的趋势。然而，霸权主义和自由主义的全球治理观念并没有给国际社会带来持久和平，反而在一些地区制造了动荡和混乱，甚至破坏了主权国家的权利和地位。因此，需要摆脱霸权主义和自由主义的全球治理观，秉持习近平外交思想的全球治理观，强调和

---

① 参见俞可平：《论全球化与国家主权》，《马克思主义与现实》2004 年第 1 期。

② 参见王彦志：《非政府组织参与全球环境治理——一个国际法学与国际关系理论的跨学科视角》，《当代法学》2012 年第 1 期。

平、尊重国家主权平等、支持对话协商、相互包容，重视各国平等参与国际事务，并坚决反对个别国家操纵国际事务或侵犯他国主权。习近平外交思想的全球治理观倡导以合作促进共同发展，发扬东方智慧，超越丛林法则，引领全球治理走向新时代。① 这一理念有效地促进了区域和国家（地区）的经济增长。

在全球治理中，知识产权是最重要的领域之一。随着世界进入知识经济时代，知识产权成为全球治理进程中的一个重要方面。尤其在知识经济全球化的背景下，知识产权已成为影响创新、贸易、投资、人权、就业、公共健康、气候变化、遗传资源、生物多样性、可持续发展等广泛领域的全球因素。② 然而，有些国家将知识产权作为竞争工具来使用，这已成为以美国为代表的霸权国家遏制其他国家发展的 种新形式。③ 此外，知识产权也被用来歪曲中国文明，成为西方话语权高地之一。因此，在全球知识产权治理的进程中，阐扬中国文化的知识体系，实现对全球知识产权治理变革深层话语构造的精准会通和建构式超越是非常重要的。如果能够将"中国文化内核的合理要素"用于激发发展中国家自身灵感，产生"引领和示范作用"④，这将引起许多国家和人民的共鸣，

---

① 参见花勇：《论习近平全球治理观的时代背景、核心主张和治理方略》，《河海大学学报（哲学社会科学版）》2020 年第 2 期。

② 参见徐元：《全球知识产权治理：文献评述与研究展望》，《重庆大学学报（社会科学版）》，中国知网 2023 年 3 月 31 日网络首发。

③ 参见易继明：《中美关系背景下的国家知识产权战略》，《知识产权》2020 年第 9 期。

④ 参见吴汉东：《知识产权理论的体系化与中国化问题研究》，《法制与社会发展》2014 年第 6 期。

使美国知识霸权的狭隘话语构造失去合法性。同时，中国文化参与全球知识产权治理变革的深度建构，也是对西方知识产权主流研究期待新路径的回应。它是世界文化多样性的一部分，能成为包容产业创新与世界均衡发展的最大公约数。因此，实现"义利兼顾、万物并育"的人类命运共同体，既是至诚的公道公理，也是天下人心良知之所在。①

　　当然，随着全球化程度的不断加深，全球治理的模式还需要与时俱进地作出变革，全球知识产权治理的理论框架、治理模式和治理深度还会得到进一步丰富和完善。相应地，伴随着中国乃至世界各国在科技经济发展、创新能力、知识产权水平等方面的变动，全球知识产权治理的现状、问题与对策也将进一步深化和拓展。因此，全球知识产权治理既是未来全球治理的重要领域，也是一个经久不衰、历久弥新的研究领域。

---

① 参见邵科：《全球知识产权治理博弈的深层话语构造：中国范式和中国路径》，《法学研究》2021 年第 6 期。

图书在版编目(CIP)数据

全球知识产权治理新探/丛立先,李泳霖著.—上
海:上海人民出版社,2023
ISBN 978 - 7 - 208 - 18598 - 2

Ⅰ.①全… Ⅱ.①丛… ②李… Ⅲ.①知识产权-研
究-世界 Ⅳ.①D913.04

中国国家版本馆 CIP 数据核字(2023)第 197330 号

责任编辑 史美林
封面设计 汪 昊

全球知识产权治理新探
丛立先 李泳霖 著

出　　版 上海人民出版社
　　　　　(201101 上海市闵行区号景路 159 弄 C 座)
发　　行 上海人民出版社发行中心
印　　刷 上海新华印刷有限公司
开　　本 787×1092 1/16
印　　张 12.5
插　　页 2
字　　数 126,000
版　　次 2023 年 11 月第 1 版
印　　次 2023 年 11 月第 1 次印刷
ISBN 978 - 7 - 208 - 18598 - 2/D·4221
定　　价 58.00 元